LA MOLA

FORTALESA ISABEL II

TRIANGLE POSTALS

Índex

La Fortalesa Isabel II, la Mola, desperta a l'alba amb el primer sol de Menorca, talment la sàvia sargantana s'acomoda a la pedra i alça el cap sentint-se protectora de la terra. Mostra la seva majestuositat amb les llums i ombres que li brinda el sol i es torna dolça amb la claror de la lluna. Filla d'un traçat laberíntic, esculpit terra endins, la Mola es deixa acaronar per les suaus ones de la Mediterrània.

Índice

Index

La Fortaleza Isabel II despierta al alba con el primer sol de Menorca. Erguida y soberana, sobre una gran piedra –"La Mola"–, imitando las maneras de la sabia lagartija. Se muestra majestuosa bajo ese juego de luces y sombras que le arranca el sol... aunque luego se ablande, entregada, ante un claro de luna. Secreta en su laberíntico trazado interior, esculpido en las entrañas de la tierra, llegan a sus pies, para acariciarlos, suaves olas mediterráneas.

The Fortress of Isabel II awakens to the dawn with the first sun of Menorca. Straight and large, and placed over a large rock –"La Mola"–, imitating the ways of the wise lizard. It is quite majestic, beneath this play of light and shade caused by the sun... although later it softens, submissive, before the moonlight. Secreted in its labyrinthine interior layout, sculpted in the bowels of the earth, reaching its feet, to caress them, gentle Mediterranean waves.

Detall de la defensa a la costa nord

Detalle de la defensa en la costa norte

Detail of the north coast defense

Observació astronòmica

Observación astronómica

Astronomy observation

Guaitant el polvorí

Contemplando el polvorín

Gazing at the gunpowder room

El context històric
El contexto histórico
History

Nura, l'illa del foc, així van nomenar els fenicis a la petita illa mediterrània. Navegant rumb a occident i quan la costa no es deixava reconèixer, la claror de les fogueres destacava mar endins com un aura misteriosa. Melousa, l'illa ramadera, l'anomenaren els grecs, que descobriren al port de Maó un lloc clau per a l'aprovisionament dels vaixells, durant les perllongades travessies per la Mediterrània. Minorica, la menor, van nomenar-la els Romans en comparar-la a l'illa veïna, un cop conquerida als cartaginesos.

Menorca és un lloc tremendament sorprenent, una terra de contrast, misteris i llegendes. Una illa plana en un teló de fons blau, que els dies grisos s'unifica i no deixa avaluar on acaba el mar i on comença el cel, com si l'un s'endinsés

Nura, isla del fuego, fue el nombre que los fenicios dieron a esta pequeña isla: siempre hacia poniente, enfrentados a una costa irreconocible, aquellos navegantes veían como un aura misteriosa el resplandor de hogueras que surgía del mar. Melousa, isla del ganado, la llamaron los griegos, que encontraron en el puerto de Maó un buen enclave para aprovisionar sus naves durante las prolongadas travesías por el Mediterráneo. Y fue Minorica para los romanos, que la habían conquistado a los cartagineses; la "menor" por comparación, claro está, con la isla vecina.

Menorca es un lugar altamente asombroso, una tierra de contrastes, misterios y leyendas. Una isla plana frente a un azul telón de fondo que en dias grises se unifica y no permite apreciar donde

Mapa cortesia de "Public Record Office, London"

Mapa cortesía de "Public Record Office, London"

Map courtesy of Public Record Office, London

Nura, island of fire, was the name that the Phoenicians gave to this small island: always heading west, facing an unrecognisable coastline, those navigators saw the glow of the fires that arose from the sea as a mysterious aura. Melousa, island of cattle, is what the Greeks called it, who found an excellent enclave in the port of Maó for supplying their vessels during the long journeys around the Mediterranean. And it was Minorica for the Romans, who had conquered it from the Carthaginians, the "minor" in comparison, of course, with the neighbouring island.

Menorca is a really astonishing place, a land of contrasts, mysteries and legends. It is a flat island against a blue backdrop that merges on grey days so that you cannot make out where en l'altre. On el vent penetra en les penyes i les esculpeix de mil formes. Una illa desitjada al llarg dels segles per diferents cultures i civilitzacions que n'han dibuixat la seva pròpia identitat. Fenicis, grecs, cartaginesos, romans, turcs, i grans potències europees com França i Anglaterra, han marcat la vida quotidiana dels menorquins i els han fet hereus del seu llegat cultural.

Des de la participació dels foners illencs en la primera guerra púnica entre Roma i Cartago (264-241 a.C.), el port de Maó ha testimoniat les constants lluites de poder pel domini de la Mediterrània i, d'aquestes, els habitants de Menorca n'han sigut sovint comparses o protagonistes.

Al segle XVI el rei Felip II ordenà la construcció del castell de Sant Felip, a la riba sud de l'entrada del port de Maó, amb motiu del saqueig de Barba-rossa el 1535, per tal de defensar l'illa davant l'amenaça del corsari de l'Imperi Otomà. Al llarg del segle XVII seguiria una època de crisi a la major part d'Europa, Menorca patiria també una forta crisi econòmica, demogràfica, social i política de la qual només es començaria a recuperar en les darreres dècades del segle. Però la bonança no duraria massa, ja que, ben prest, les conseqüències de la guerra de successió determinarien el futur del port de Maó i, com a conseqüència, de l'illa de Menorca.

La importància estratègica del port de Maó, es va constatar al llarg del segle XVIII, ja que, durant les dominacions britàniques servia de suport a

termina el mar y donde empieza el cielo, como si cada uno se adentrara en el otro. Donde el viento penetra en la peñas y las esculpe de mil formas distintas. Una isla codiciada a lo largo de los siglos por diferentes culturas y civilizaciones que han ido dibujando una identidad propia. Fenicios, griegos, cartagineses, romanos, turcos... grandes potencias europeas como Francia e Inglaterra... marcaron la vida cotidiana de los menorquines y les convirtieron en herederos de su legado cultural.

Desde la participación de los honderos de la isla en la primera guerra púnica entre Roma y Cartago (264-241 a.C.), el puerto de Maó ha sido testigo de las constantes luchas de poder por el dominio del Mediterráneo y, a menudo, los habitantes de Menorca han intervenido en las mismas como comparsas o protagonistas.

En el siglo XVI, y en respuesta al saqueo perpetrado por Barbarroja en 1535, el rey Felipe II ordenó la construcción del castillo de San Felipe, en la orilla sur de la entrada al puerto de Maó, para proteger la isla frente a la amenaza del corsario del Imperio Otomano. Durante el XVII, la mayor parte de Europa sufriría una época de crisis, y Menorca sería víctima también de una fuerte inestabilidad económica, demográfica, social y política, consiguiendo recuperarse de esta situación tan solo en las últimas décadas del siglo.

Pero la bonanza apenas duró unos años, ya que, muy pronto, las consecuencias de la guerra de Sucesión determinarían el futuro del puerto de the sea ends and the sky begins, as if each one entered into the other; where the wind penetrates the crags and sculpts them into a thousand different shapes. It is an island coveted over the centuries by different cultures and civilisations that have gradually given it its very own identity. Phoenicians, Greeks, Carthaginians, Romans, Turks... big European powers such as France and England ... marked the life of the Menorcans and turned them into heirs of their cultural legacy.

Since the participation of the slingshot soldiers from the island in the first Punic War between Rome and Carthage (264-241 BC), the port of Maó has been witness to the constant power struggles to dominate the Mediterranean and the inhabitants of Menorca have often been involved in them in the role of extras or as leading players.

In the 16th century, and in response to the looting undertaken by Barbarossa in 1535, King Philip II ordered the construction of Saint Philip's Castle, on the south shore of the entrance to the port of Maó, in order to protect the island from the threat of the Ottoman Empire's corsair. During the 17th century, most of Europe would suffer a period of crisis, and Menorca would also be victim of serious economic, demographic, social and political instability, managing to recover from this situation in only the latter decades of the century.

The prosperity, however, lasted just a few years, since very shortly after the consequences of the War of Succession would determine the future of

Inscripció al terra de la Porta dels Socors

Inscripción en el suelo de la Puerta de Socorro

Inscription on the floor by the Relief Door

La fortalesa de la Mola es va construir durant el regnat d'Isabel II i s'inaugurà coincidint amb l'aniversari de la reina. L'estratègia defensiva de la nova fortificació menorquina es basaria en les noves teories impulsades pels enginyers francesos Marc René de Montalembert i Andrien Nicolás Carnot. El tinent general Zarco del Valle i, posteriorment, el general Prim es farien càrrec de la direcció general de les obres de construcció.

La fortaleza de La Mola fue construida durante el reinado de Isabel II y su inauguración se hizo coincidir con el aniversario de la reina. La estrategia defensiva de la nueva fortificación menorquina había de basarse en las nuevas teorías teniente general Zarco del Valle y más tarde el general Prim se hicieron cargo de la dirección general de las obras de construcción.

The fortress of La Mola was built during the reign of Isabel II and was officially opened to coincide with the queen's birthday. The defensive strategy of the Menorcan fortification had to be based on the new theories promoted by the French engineers Marc René de Montalembert and Andrien Nicolás Carnot. Lieutenant General Zarco del Valle and later General Prim took over the general management of the construction works.

Cerimònia de inaguració de la Fortalesa el 1852. Reproducció d'un oli de Font

Ceremonia de inauguración de la fortaleza en 1852. Reproducción de un óleo de Font

Opening ceremony of the fortess in 1852. Reproduction of the painting by Font

Bendicion
de la Fortaleza de
YSABEL II.
D. FER. COTONER.
El 30 Octubre de 1852.
J. Faul.

les esquadres angleses de la Mediterrània. Les dimensions, el calat i la protecció dels vents, el convertiren en un dels millors ports d'aquest mar, i permetia allotjar les majors flotes de navilis a vela que navegaven en aquella època. Els anglesos, conscients de la importància del domini de l'illa de Menorca, van reforçar el castell de Sant Felip construint una doble fortificació que el feia quasi infranquejable. També van aixecar el fort Marlborough, a la riba sud de la cala Sant Esteve i van iniciar, a la Mola, el petit fort de la Reina Anna.

Amb el tractat d'Utrecht, el 1713, es reconeixia la primera dominació britànica de l'illa. El 1756, França prendria el domini als anglesos, però aquests el recuperarien el 1763 amb el tractat de París, iniciant la segona dominació anglesa. El 1782 Carles III declarà la guerra a Anglaterra i va reconquerir l'illa de Menorca després d'una forta resistència dels britànics que repel·lien l'atac des del castell de Sant Felip. El setge es va perllongar al llarg de 6 mesos; finalment, el canoneig continuat durant 29 dies deixà el castell en runes i concedí el triomf als espanyols. Menorca, però, quedà sense defenses en uns anys en què els interessos de les grans potències europees pel domini de la Mediterrània situava en el punt de mira l'illa de Menorca. Així, el 1798, l'esquadra de l'almirall Nelson s'enfrontà a l'aliança franco-espanyola i la necessitat de disposar d'una base naval el conduí cap a Menorca, començant així, la tercera dominació anglesa. Durant aquest període, es van construir diverses torres de defensa, dues de les quals es

Maó, y, de resultas, el de la isla de Menorca. Su importancia estratégica se puso de manifiesto a lo largo del siglo XVIII, ya que, durante las dominaciones británicas sirvió de base a las escuadras inglesas del Mediterráneo. El abrigo ante los vientos y sus dimensiones y calado, permitían alojar en él las mayores flotas de navíos a vela que navegaban en aquella época, lo cual lo convirtió en uno de los mejores puertos de este mar. Los ingleses, conscientes de la importancia del dominio de Menorca, reforzaron además el castillo de Sant Felip construyendo una doble fortificación que lo hacía prácticamente infranqueable. También levantaron el fuerte Marlborough, en la orilla sur de la cala Sant Esteve e iniciaron, en La Mola, las obras del fortín de la Reina Ana.

En 1713, el tratado de Utrecht reconocía la primera dominación británica de la isla. En 1756, Francia arrebató el dominio a los ingleses, pero éstos lo recuperaron en 1763 con el tratado de París, iniciando su segunda dominación. En 1782 Carlos III declaró la guerra a Inglaterra y reconquistó Menorca después de una fuerte resistencia de los británicos que repelían el ataque desde el castillo de Sant Felip. El sitio se prolongó seis meses; finalmente, el cañoneo sostenido a lo largo de veintinueve días dejó el castillo en ruinas y dio el triunfo a los españoles. Menorca, sin embargo, quedó sin defensas en unos años en que los intereses de las grandes potencias europeas por el dominio del Mediterráneo situaban en el punto de mira a la isla. Así, en 1798, la escuadra del almirante Nelson se enfrentó a la alianza the port of Maó and, in turn, that of the island of Menorca. Its strategic importance was made clear throughout the 18th century, since during British periods of domination it was used as a base for the English squadrons in the Mediterranean. The shelter from the wind and its size and depth enabled the large fleets of sailing ships that coursed the region at that time to moor there, which turned it into one of the best ports in the Mediterranean. The English, aware of the importance of dominating Menorca, also strengthened Saint Philip's Castle, building a double fortification that made it practically impassable. The Marlborough Fort was also built, on the south shore of the Sant Esteve cove and they began, on La Mola, the works for the small fort of Queen Anne.

Reixa de fusta i forrellat

Reja de madera y cerrojo

Wooden bars and lock

In 1713, the Treaty of Utrecht recognised the first British domination of the island. In 1756, France wrenched control from the English, but the latter recovered it in 1763 with the Treaty of Paris, starting its second period of domination. In 1782 Charles III declared war on England and reconquered Menorca after strong resistance from the British who repelled the attack from Saint Philip's Castle. The siege lasted for six months; finally the shelling sustained over twenty-nine days left the castle in ruins and resulted in victory for the Spanish. Menorca, however, remained defenceless during some years in which the interests of the big European powers in dominating the Mediterranean made the island the focus of attention. Thus, in 1798, Admiral Nelson's squadron confronted the

van aixecar a la península de la Mola: la de cala Taulera i la Princesa o des Freus i es destinaren alguns oficials al petit fort de la Reina Anna, construït durant la primera dominació.

El tractat de pau d'Amiens, signat el 1802, concedí el govern de l'illa a la corona espanyola. En la primera meitat del segle XIX, coincidint amb el regnat d'Isabel II, que havia accedit al tron espanyol el 1843, la conquesta d'Algèria per part de França generà una ruta marítima que la unia amb Toulon, en la qual, Menorca quedava al mig. Aquest fet va alarmar els britànics, ja que les seves esquadres es movien en una ruta transversal, de Gibraltar a Malta, en què el port de Maó, i per tant, l'illa de Menorca, també quedaven al mig. La rivalitat econòmica i militar de les dues

franco-española, y la necesidad de disponer de una base naval le condujo a Menorca. Empezaba, de esta manera, la tercera dominación británica. Durante este periodo se construyeron varias torres de defensa, dos de las cuales se levantaron en la península de La Mola: la de cala Teulera y la llamada Princesa o des Freus, y se destinaron algunos oficiales al pequeño fuerte de la Reina Ana construido durante la primera dominación.

El tratado de paz de Amiens, firmado en 1802, concedió el gobierno de la isla a la corona española. En la primera mitad del siglo XIX, coincidiendo con el reinado de Isabel II, que había accedido al trono español en 1843, la conquista de Argelia por parte de Francia generó una ruta marítima que unía la nueva colonia con Toulon,

Franco-Spanish alliance, and the need for a naval base led him to Menorca. In this way the third period of British domination began. During this period several defence towers were built, two of which were erected on the peninsula of La Mola: one in Teulera cove and the Princess Tower, or Freus, and some officers were sent to the small Queen Anne's fort built during the first period of domination.

The Amiens Peace Treaty, signed in 1802, awarded the government of the island to the Spanish Crown. In the first half of the 19th century, coinciding with the reign of Isabel II, who had come to the Spanish throne in 1843, the conquest of Algeria by France generated a maritime route that joined the new colony with Toulon, leaving Menorca in the

Artilleria noucentista

Artillería novecentista

Nineteeth century Artillery

potències europees, va obligar el govern espanyol a plantejar-se la construcció d'una fortificació capaç de defensar l'illa d'una, molt provable, nova incursió estrangera.

Començà així el procés per definir la ubicació i el traçat d'una nova fortalesa que hauria de defensar l'illa de Menorca. El procés acabaria, anys mes tard, amb la construcció de la Fortalesa Isabel II de la Mola del port de Maó.

quedando Menorca en medio. Este hecho alarmó a los británicos, ya que sus barcos se movían en una ruta transversal, desde Gibraltar a Malta, en la cual la isla y, por tanto, el puerto de Maó, quedaban igualmente en medio. La rivalidad económica y militar de las dos potencias europeas obligó al gobierno español a plantearse la construcción de una fortificación capaz de frustrar una, más que probable, nueva incursión extranjera.

Empezaba de esta manera el proceso para definir la ubicación y el trazado de una fortaleza nueva que pudiera defender la isla. El proceso culminó, años más tarde, con la construcción de la Fortaleza Isabel II de La Mola del puerto de Maó.

Antigues inscripcions a les parets de marès

Antiguas inscripciones en las paredes de piedra arenisca

Old inscriptions on the limestone walls

middle. This situation alarmed the British, since their ships moved on a transversal route, from Gibraltar to Malta, in which the island and, therefore, the port of Maó, was also in the middle. The economic and political rivalry of the two European powers forced the Spanish government to think about building a fortification capable of repelling a more than likely foreign incursion.

This begun the process for defining the location and layout of a new fortress capable of defending the island. The process culminated, years later, with the construction of the Fortress of Isabel II on La Mola of Port de Maó.

El projecte de fortificació de la Mola es va anar modificant progressivament per tal d'adaptar-lo als nous criteris defensius de l'època i a les característiques geològiques pròpies de la Mola. El pulcre traçat dels plànols aixecats durant el procés de planificació, ofereixen un excepcional arxiu documental que mostra la importància del treball que s'estava projectant.

El proyecto de fortificación de La Mola se fue modificando progresivamente para ir adaptándolo a los nuevos criterios defensivos de la época y a las características geológicas propias de La Mola. El pulcro trazado de los planos levantados durante el proceso de planificación, convierten en excepcional el archivo documental, que muestra la importancia del trabajo que se estaba proyectando.

The fortification project of La Mola was progressively modified in order to adapt to the new defensive criteria of the time and the geological characteristics of the La Mola itself. The exquisite design of the plans drawn up during the planning process is an exceptional documental archive that shows the importance of the work that was being undertaken.

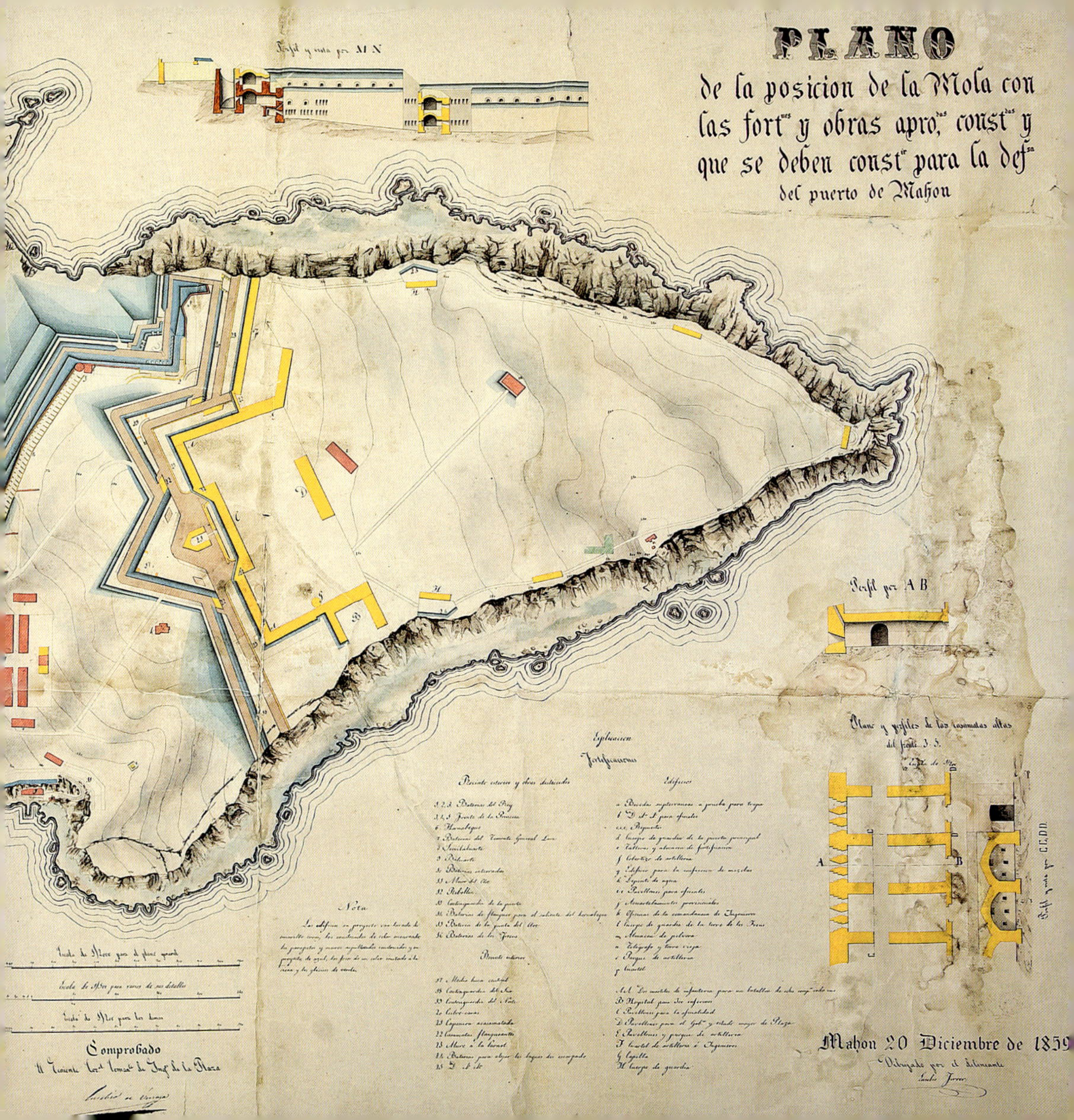

PLANO
de la posicion de la Mola con las fort.s y obras apro.das const.as y que se deben const.r para la def.sa del puerto de Mahon
Perfil y vista por M N
Perfil por A B
Explicacion
Fortificaciones
Edificios
Nota
Comprobado
Mahon 20 Diciembre de 1859

La duresa del penya-segat des del mar

La dureza del acantilado desde el mar

The sharp rock face seen from the sea

Fort de Felipet i el Port de Maó vist des de la Mola

Fuerte de Felipet y el Puerto de Mahón visto desde La Mola

Philip's castle and the Port of Mahon seen from La Mola

Les torres costaneres
Las torres costaneras
The coastal towers

La necessitat de defensar-se dels freqüents atacs de pirates i corsaris que patia l'illa de Menorca durant l'edat mitjana, motivà la decisió del rei Pere IV de fer construir les primeres torres rurals de guaita i defensa, algunes de les quals es mantenen encara en peu.

Posteriorment, a finals del segle XVIII, es construïren a l'illa un altre tipus de torres, més voluminoses i resistents que les antigues talaies, la missió de les quals era la vigilància i defensa de la costa. Estratègicament situades al llarg del perímetre menorquí, s'alçaven en llocs de gran visibilitat i difícil accés, la qual cosa facilitava la defensa en cas d'un desembarcament enemic, alhora que les protegia d'un possible atac terrestre.

Para protegerla de los frecuentes ataques de piratas y corsarios que la isla de Menorca sufría en la Edad Media, el rey Pedro IV ordenó la construcción de las primeras torres rurales de vigilancia y defensa, algunas de las cuales aún siguen en pie.

Posteriormente, a finales del siglo XVIII, se construyeron en la isla otro tipo de torres, de mayores dimensiones y más resistentes que las antiguas atalayas, con la misión de vigilar y proteger la costa. Estratégicamente situadas a lo largo del perímetro menorquín, se levantaban en puntos con gran visibilidad y acceso difícil, lo que facilitaba la defensa ante un desembarco enemigo al tiempo que las mantenía a salvo de un posible ataque por tierra.

Torre de la Princesa

Torre de la Princesa

Princess tower

To protect it from the frequent pirate and corsair attacks that the island of Menorca suffered in the Middle Ages, King Pere IV ordered the construction of the first rural surveillance and defence towers, some of which are still standing today.

Later, at the end of the 18th century, another type of tower was built on the island, larger and more resistant than the old watchtowers, with the aim of watching over and protecting the coast. Strategically situated around the Menorcan coast, they were built at points of good visibility and difficult access, making defence easier against an enemy landing, also making them safe from a possible land attack.

Obertures de ventilació prop de la torre de la Princesa

Aberturas de ventilación cerca de la torre de la Princesa

Ventilation openings nearby the Princess tower

Accedint a la península de la Mola per l'istme des Freus, podem contemplar algunes de les antigues torres costaneres de la bocana del Port de Maó, anteriors a l'edificació de la fortalesa i construïdes pels britànics durant la seva tercera dominació a l'illa (1798-1802). Després de la demolició del castell de Sant Felip i fins a la construcció de la nova Fortalesa Isabel II, aquestes torres formaven part del precari sistema defensiu existent a l'illa. Aquest sistema, que es prolongà durant les primeres dècades del segle XIX, responia a una estratègia de defensa dispersa, fonamentada en quatre elements principals: una xarxa de vigilància, un sistema de comunicacions, diversos nuclis de defensa localitzats en els punts més febles i una guarnició que hauria d'acudir al lloc del desembarcament en cas de necessitat.

Cuando se accede a la península de La Mola por el istmo de los Freus, pueden contemplarse algunas de las antiguas torres de costa de la bocana del puerto, anteriores a la edificación de la fortaleza y que fueron construidas por los británicos durante su tercera dominación de la isla (1798-1802). Después de la demolición del castillo de Sant Felip y hasta la construcción de la nueva Fortaleza Isabel II, estas torres formaban parte del precario sistema defensivo existente en la isla. Este sistema, que aún se mantuvo durante las primeras décadas del siglo XIX, respondía a una estrategia de defensa dispersa, fundamentada en cuatro elementos principales: una red de vigilancia, un sistema de comunicaciones, diversos núcleos defensivos localizados

When you go to the peninsula of La Mola via the Freus isthmus, you can see some of the old coastal towers of the mouth of the port, earlier than the building of the fortress and which were built by the British during the third period of domination of the island (1798-1802). After the demolition of Saint Philip's Castle and until the construction of the new fortress of Isabel II, these towers formed part of the island's precarious defensive system. This system, which was still maintained even up to the first decades of the 19th century, responded to a disperse defence strategy, based on four key elements: a surveillance network, a communications system, diverse defensive centres located in the weakest points and a garrison that had to go the landing spot in case of need.

Col·locació estratègica de les torres de defensa

Colocación estratégica de las torres de defensa

Strategic placing of the defense towers

Torre de Cala Teulera i al fons la de la Princesa

Torre de Cala Teulera y al fondo la de la Princesa

Cala Teulera tower, Pincess tower in the background

El Port de Maó conserva un nombre important de torres de defensa construïdes durant el segle XVIII. Destaca la torre Felipet, estratègicament ubicada enmig del port, a la península del Llatzeret; observa les torres veïnes de Cala Teulera o d'en Penjat. Aquesta torre envoltada del blau de la mar, es mostra en un entorn inalterable al pas del temps.

El Port de Maó conserva un número notable de torres de defensa construidas durante el siglo XVIII. Destaca la torre Felipet, estratégicamente ubicada en medio del puerto, en la península del Llatzeret, mirando a las torres vecinas de Cala Teulera o d'en Penjat. Esta torre, rodeada por el azul del mar, aparece en un entorno apenas alterado por el paso del tiempo.

The Port de Maó conserves a large number of defensive towers built during the 18th century. One that stands out is that of Felipet, strategically placed in the middle of the port, on the Llatzeret peninsula, looking towards the neighbouring towers of Cala Teulera and En Penjat. This tower, surrounded b the blue of the sea, appears in a setting hardly changed with the passing of time.

Llaüt a la cala des Grecs

"Llaüt" en "Cala des Grecs"

"Llaüt" at "Cala des Grecs"

A meitat del segle XIX les tàctiques defensives de l'illa s'inclinaren cap un sistema més concentrat i es començà a projectar una fortificació a la Mola. El traçat de la nova fortalesa integrà en el seu recinte la torre de cala Teulera, encarregada de custodiar la zona dreta de l'entrada del port de Maó, i la torre de la Princesa o des Freus, atenta a la costa nord, posteriorment convertida en polvorí i que va explotar en ser tocada per un llamp el 1958. Les seves ruïnes reflecteixen la fúria de l'explosió, que va desprendre blocs sencers dels seus murs.

Les torres costaneres es mantenen avui perfectament integrades al paisatge menorquí i esdevenen un notable testimoni del seu important paper en la defensa de l'illa al llarg de l'història.

en los puntos más débiles y una guarnición que debería acudir al lugar de desembarco en caso de necesidad.

A mediados del siglo XIX, aquellas tácticas derivaron hacia un sistema más concentrado y se empezó a proyectar una fortificación en La Mola. El trazado de la nueva fortaleza integró en su recinto la torre de Cala Teulera, encargada de custodiar la zona derecha de la entrada del puerto de Maó, y la torre de la Princesa o de los Freus, atenta a la costa norte, convertida en polvorín posteriormente y que explotó al ser alcanzada por un rayo en 1958. Sus ruinas reflejan la violencia de la explosión, que desprendió de sus muros bloques enteros.

Hoy en día, las torres costaneras se mantienen perfectamente integradas en el paisaje menorquín y son un notable testimonio de su importante papel en la defensa de la isla a lo largo de la historia.

In the mid-19th century, these tactics led towards a more concentrated system and a fortress began to be planned on La Mola. The layout of the new fortress included the Cala Teulera tower within its precinct, responsible for watching over the right-hand area of the entrance to the port of Maó, and the Princess or Freus Tower, overlooking the north coast, later turned into an arsenal and which blew up in 1958 after being struck by lightning. Its ruins reflect the violence of the explosion, which took away entire blocks from its walls.

Today the side, or coastal, towers are maintained fully integrated into the Menorcan landscape and are a notable witness of their important role in the defence of the island throughout its history.

La Mola vista des de les ruïnes del castell de Sant Felip

La Mola vista desde las ruinas del castillo de Sant Felip

View of La Mola from the ruins of Saint Philip's fortress

La Mola i l'illa del Llatzeret

La Mola y la isla del Llatzeret

La Mola and the island of "Llatzeret"

El fossat comença adherit al penya-segat i s'allarga de nord a sud marcant el perfil de la fortificació. La construcció fortificada arrenca en el mur conegut com el punt zero, trencat a conseqüència del moviment natural provocat fa uns anys per un petit sisme que afectà el penya-segat on s'assenta.

El foso empieza adosado al acantilado y luego se prolonga de norte a sur a lo largo del perfil de la fortificación. La construcción fortificada arranca en el muro conocido como punto cero, roto a consecuencia del movimiento natural provocado por un pequeño seísmo que, hace unos años, afectó al acantilado en que se asienta.

The moat begins attached to the cliff and later extends from north to south along the outline of the fortification. The fortified construction starts from the wall known as zero point, broken as a result of the natural movement caused by minor earthquake that, some years ago, affected the cliff on which it stands.

Detall de l'escala que trobem en direcció a la Plaça d'Armes

Detalle de la escalera que encontramos de camino al Patio de Armas

Detail of the staircase towards the parade ground

Talla en fusta a l'arc d'una porta

Talla en madera en el arco de una puerta

Inscription carved in wood in a door way

Jocs de llum

Juego de luces

Play of light

La màgia de la galeria amb espitlleres

La magia de la galería aspillerada

The magic of the Loopholed Gallery

La Fortalesa Isabel II
La Fortaleza Isabel II
The Fortress of Isabel II

Mentre es definia el projecte de construcció de la nova fortificació de Menorca, els esdeveniments internacionals n'acceleraven el procés, ja que la Cambra dels Lords britànica va acordar que si el govern espanyol no actuava en la defensa de l'illa, el Regne Unit prendria les mesures oportunes per evitar-ne l'ocupació per part d'una altra potencia europea.

Davant aquestes manifestacions parlamentaries, el govern espanyol encomanà immediatament la defensa del port de Maó. El tinent general Remón Zarco del Valle, director general del cos d'enginyers, va donar les ordres precises al coronel Juan Carlos Cardona, cap d'enginyers de Menorca, per a la construcció d'una bateria a la Mola, que reforcés l'antic fort de la Reina Anna

Mientras se perfilaba el proyecto de construcción de la nueva fortificación de Menorca, los acontecimientos internacionales vinieron a acelerar el proceso: la Cámara de los Lores británica acordó que si el gobierno español no actuaba en el tema de la defensa de la isla, Inglaterra tomaría las medidas oportunas para evitar la ocupación por parte de otra potencia europea.

Ante estas manifestaciones parlamentarias, el gobierno español encargó inmediatamente la defensa del puerto de Maó. El teniente general Remón Zarco del Valle, director general del cuerpo de ingenieros, dio las ordenes precisas al coronel Juan Carlos Cardona, jefe de ingenieros de Menorca, para que se construyera en La Mola una batería que reforzara el antiguo fortín de la Reina Ana,

Galeria subterrània

Galería subterránea

Underground gallery

While the finishing touches were put to the project for the construction of the new fortress in Menorca, international events speeded up the process: the British House of Lords agreed that if the Spanish government did not act in defence of the island, England would take the appropriate measures to avoid the occupation by another European power.

Before these parliamentary declarations, the Spanish government immediately commissioned the defence of the port of Maó. Lieutenant General Remón Zarco del Valle, general manager of the body of engineers, gave the precise orders to Colonel Juan Carlos Cardona, head of the engineers of Menorca, for a battery to be built on La Mola that would

construït pels anglesos. Anys més tard, el general Zarco del Valle seria substituït pel general Prim, que acompanyaria la reina Isabel II durant la visita a la fortificació l'any 1860.

El projecte definitiu es basaria en els nous sistemes de defensa impulsats pels enginyers francesos Marc René de Montalembert i Adrien Nicolás Carnot, autors d'una innovadora teoria que millorava notablement l'eficiència de les fortificacions en forma de baluard. El coronel d'enginyers, Celestino del Piélago, seria l'autor del primer projecte l'any 1852. Posteriorment el disseny de la fortificació generaria nombroses modificacions fins a arribar al projecte definitiu. Del plànols que es van aixecar destaquen especialment els realitzats entre 1856 i 1857, pel

obra de los ingleses. Años más tarde, el general Zarco del Valle sería sustituido por el general Prim, quien acompañaría a la reina Isabel II durante la visita a la fortificación, en el año 1860.

El proyecto definitivo había de basarse en los nuevos sistemas de defensa impulsados por los ingenieros franceses Marc René de Montalembert y Adrien Nicolás Carnot, autores de una innovadora teoría que mejoraba notablemente la eficiencia de las fortificaciones en forma de baluarte.
El coronel de ingenieros Celestino del Piélago fue el autor del primer proyecto, del año 1852. Posteriormente, el diseño de la fortificación generó un sinnúmero de modificaciones hasta que se alcanzó el proyecto definitivo. De los planos que se alzaron, destacan especialmente los realizados

strengthen the old Saint Anne's fort, work of the English. Years later, General Zarco del Valle would be replaced by General Prim, who would accompany Queen Isabel II during the visit to the fortress, in 1860.

Istme que delimita la Mola

Istmo que delimita La Mola

Isthmus that delimits La Mola

The definitive project had to be based on the new defence systems promoted by the French engineers Marc René de Montalembert and Adrien Nicolás Carnot, authors of an innovative theory that notably improved the efficiency of fortresses in the form of a bastion. The Engineers Colonel Celestino del Piélago was the author of the first project, in 1852. Later, the design of the fortress produced an endless number of modifications until the definitive project was agreed. Of the plans that were built, of special note are those produced

Defensa inferior de la Contraguàrdia

Passeig matinal pel nivell superior de l'entrant cinc

Paseo matinal por el nivel superior del entrante cinco

Morning walk in the top level of recess five

Curvatures a l'interior d'un reducte

Curvaturas en el interior de un reducto

Curvatures in the interior of a redoubt

Primer premi del concurs de fotografia organitzat a la Mola. Any 2006

Primer premio del concurso fotográfico organizado en La Mola. Año 2006

First prize photografic competition organised at La Mola. 2006 jove tinent Ebenetzer Ridgeway i Rubí, fill de mare menorquina, destinat a la comandància d'enginyers de Maó.

La Fortalesa Isabel II de la Mola respon a dos importants conceptes defensius que en determinen la seva configuració en forma de tenalla: la defensa marítima, enfilant a la bocana del port o a la costa nord; i la defensa terrestre, dirigida a l'únic accés per terra de la fortificació, l'istme des Freus. Seguint el perfil traçat per un fossat excavat de 9 metres de profunditat i uns 2 quilometres de llarg, divideix la península de la Mola de nord a sud. La construcció fortificada permet disposar, en la majoria dels fronts, de tres nivells defensius: el superior per a la defensa llunyana, amb grans peces d'artilleria; els intermitjos per a la defensa mitjana, amb peces d'artilleria menys voluminoses; i els inferiors per a la defensa pròxima del fossat, que es faria amb fuselleria.

La construcció es va perllongar durant vint i cinc anys, però tot i els esforços per adaptar-se a les innovacions tecnològiques en artilleria que apareixien durant el procés, la fortalesa quedà obsoleta abans d'acabar-se, esdevenint una de les més importants i desconegudes fortificacions europees construïdes al llarg del segle XIX. L'import invertit en les obres, fins al 15 de setembre de 1876, arribava als 8.690.837,41 de pessetes de l'època.

La necessitat d'obrers per a l'edificació de la fortalesa i el desplaçament a l'illa dels oficials i suboficials encarregats de la correcta execució

entre 1856 y 1857 por el joven teniente Ebenetzer Ridgeway i Rubí, hijo de menorquina, destinado en la comandancia de ingenieros de Maó.

La Fortaleza Isabel II de La Mola responde a dos importantes conceptos defensivos que determinan su configuración en forma de tenaza: la defensa marítima, apuntando a la bocana del puerto o a la costa norte; y la defensa terrestre, dirigida al único acceso por tierra de la fortificación, el istmo de los Freus. Siguiendo el perfil marcado por un foso excavado de 9 metros de profundidad y unos 2 kilómetros de largo, divide la península de La Mola de norte a sur. La construcción fortificada permite disponer, en la mayoría de los frentes, de tres niveles defensivos: el superior para una defensa lejana, con grandes piezas de artillería; los intermedios, para la defensa a medio alcance, con piezas de artillería no tan voluminosas; y los inferiores, para la defensa del foso, más próxima, en la que se utilizaría fusilería.

Los trabajos se prolongaron durante veinticinco años, y a pesar de los esfuerzos por adaptarse a las innovaciones tecnológicas en artillería que aparecían durante el proceso, la fortaleza quedó obsoleta antes de acabarse, con lo cual pasó a ser una de las más desconocidas entre las importantes fortificaciones europeas construidas a lo largo del siglo XIX. La inversión en obras hasta el 15 de septiembre de 1876 alcanzaba un importe de 8.690.837,41 de pesetas de la época.

between 1856 and 1857 by the young lieutenant Ebenetzer Ridgeway i Rubí, from Menorca, serving in the headquarters of the Engineers of Maó.

The Fortress of Isabel II, La Mola, responds to two important defensive concepts that determine its shape in the form of pincers: the maritime defence, pointing to the mouth of the port or to the north coast; and the land defence, aimed at the only access by land of the fortress, the Freus isthmus. Following the outline along a moat dug 9 metres deep and some 2 kilometres long, it divides the peninsula of La Mola from north to south. The fortified construction enables, in the majority of fronts, three defensive levels: the upper level for long-distance defence, with heavy artillery; the intermediate levels, for medium reach defence, with not so heavy artillery; and the lower levels, for defending the moat, closer, for which gunfire would be used.

Passadís amb volta de canó

Pasillo con bóveda de cañón

Arched passageway

The works lasted for twenty-five years, and despite the efforts made to adapt to technological innovations in artillery that appeared during the process, the fortress had become obsolete even before it was completed, so that it became one of the most unknown among the large European fortresses built throughout the 19th century. The investment made in the works up to the 15th of September 1876 was the sum of 8,690,837.41 pesetas of the time.

The need for a workforce to build the fortress and the transfer to the island of officials and sub-officials entrusted with the correct completion of

◄

Galeria amb espitlleres. 48 casamates perfectament alineades

Galería aspillerada. 48 casamatas perfectamente alineadas

Loope-Holed gallery. 48 perfectly aligned casemates

►

Duresa als murs, tendresa a pes de braços

Dureza en los muros, ternura en brazos

Hardness in the walls, tenderness in arms

◄

Passadissos a la llum del dia

Pasillos a la luz del dia

Hallway in day light

►

Visita nocturna

Visita nocturna

Visit by night

Front 9 des de l'exterior

Frente 9 desde el exterior

Outside Front 9

de les obres, va suposar un important impuls per a l'economia de Menorca. Molt prest serien necessaris més obrers que arribarien de les illes veïnes de Mallorca i d'Eivissa. Més tard, el govern espanyol desplaçaria presos de la península per incrementar la mà d'obra que aixecava la fortificació menorquina. Els presos s'allotjaven, inicialment, a l'illa del Rei i eren desplaçats diàriament en embarcacions; posteriorment, es va construir el primer centre penitenciari a la península de la Mola que es va inaugurar el dia 1 de maig de 1891.

El llarg temps de silenci que prosseguí a la construcció, que havia quedat inservible per a la funció a la qual es destinava, va propiciar la complicitat entre la fortificació i el seu entorn.

La necesidad de mano de obra para la edificación de la fortaleza y el desplazamiento a la isla de oficiales y suboficiales encargados de la correcta ejecución de los distintos trabajos, supuso un importante impulso para la economía de Menorca. Muy pronto se vio la necesidad de ampliar el número de obreros y éstos llegaron de las vecinas islas de Mallorca y Eivissa. Más tarde, el gobierno español trasladó presos desde la península para engrosar aún más la mano de obra dedicada a levantar la fortificación menorquina. Los presos, que se alojaban inicialmente en la isla del Rei, eran trasladados cada día en embarcaciones; posteriormente se construyó el primer centro penitenciario en la península de La Mola, inaugurado el dia 1 de mayo de 1891.

the different works represented a big boost for the economy of Menorca. Very soon the need to expand the number of workers was clear and these came from the neighbouring islands of Mallorca and Eivissa. Later on, the Spanish government transferred prisoners from the peninsula to further add to the workforce dedicated to building the Menorcan fortress. Initially, the prisoners stayed on the island of Rei, transported every day in boats; later, the first prison was built on the peninsula of La Mola, opened on the 1st of May 1891.

The long period of silence that followed the construction, no longer usable for the functions originally envisaged in the project, gave rise to a greater complicity of the fortress with its environment. The sea, an unlikely

El mar, l'inversemblant aliat, fusionaria penya-segat i edificació, esdevenint un únic i omnipotent fort. El vent, de tramuntana o llebeig, hi aportaria la sonoritat, giravoltant lliurement entre les espitlleres i canoneres dels murs fortificats. La intensa claror del sol s'endinsaria resplendent fins als més foscos habitacles, omplint de vida i de llum la solitud de l'espai. I les aromes: l'essència suau de camamilla, n'impregnaria, sens dubte, totes i cadascuna de les poroses pedres de la fortalesa deshabitada.

El largo periodo de silencio que siguió a la construcción, ya inservible para las funciones que contemplaba el proyecto, propició una mayor complicidad de la fortificación con su entorno. El mar, aliado inverosímil, llegaría a fundir acantilado y edificación, haciendo del conjunto un único, omnipotente, fortín. El viento, lebeche o tramontana, aportaría sonoridad revoloteando a través de aspilleras y troneras. El sol, esplendoroso, introduciría su intensa claridad en los habitáculos más oscuros, llenando de luz y vida la soledad de estos espacios. Y los aromas, la suave esencia de la manzanilla, impregnarían, sin duda, todas y cada una de las porosas piedras de la deshabitada fortaleza.

Dipòsits de combustible de 5.560 litres

Depósitos de combustible de 5.560 litros

Fuel tanks of 5,560 litres

ally, would be responsible for fusing the cliff and the building, turning the whole site into a sole, omnipotent small fort. The wind, the south-westerly Lebeche or the Tramontana, would bring sonority flying around embrasures and small windows. The sun, radiant, would introduce its intense clarity into the darkest inner spaces, filling the loneliness of these spots with light and life. And the aromas, the smooth essence of the camomile, would impregnate, without doubt, each and every one of the porous stones of the uninhabited fortress.

Pou de càrrega i comportes de ferro

Pozo de carga y compuertas de hierro

Loading well and iron shutters

Bateria enterrada del Clot de la Mola

Batería enterrada del "Clot de La Mola"

Buried gunpoint of the "Clot de La Mola"

Amunt i avall pels esglaons

Arriba y abajo por los peldaños

Up and down the steps

Sortida de la galeria amb espitlleres

Salida de la galeria aspillerada

Exit of the loopholed gallery

La Porta de la Reina
La Puerta de la Reina
The Queen's Gate

La Porta de la Reina és la que dóna accés a la fortificació y està fortament protegida. Des del fossat, tres nivells de defensa s'encarregarien d'impedir-ne una ocupació enemiga. Aquests nivells defensius guarden un autèntic laberint de galeries, espitlleres, canoneres, escales i terrasses i es converteixen en un agradable passeig entre els murs fortificats.

La Puerta de la Reina es la que da acceso a la fortificación y está fuertemente protegida. Desde el foso, tres niveles de defensa habían de impedir una ocupación enemiga, con un autèntico laberinto de galerías, aspilleras, cañoneras, escaleras y terrazas que han ido configurando un agradable paseo a lo largo de los muros fortificados.

The Queen's Gate is the main entrance to the fortress and is heavily protected. From the moat, three levels of defence had to stop an enemy occupation, with a veritable labyrinth of galleries, ramps, embrasures, steps and terraces that have come to form a pleasant walk along the fortified walls.

◄

Visió defensiva des d'una espitllera

Visión defensiva desde una aspillera

Defensive view from a loophole

►

La boira desperta antics temors

La niebla despierta antiguos temores

The fog awakens old fears

Escut d'armes que corona la Porta de la Reina

Escudo de armas coronando la Puerta de la Reina

Coat of arms crowning the Queens Gate

La fortalesa es va inaugurar el dia 10 d'octubre de 1852 en una cerimònia solemne que congregà les autoritats civils, militars i eclesiàstiques de Menorca. Coincidint amb l'aniversari de la reina, la fortalesa prendria el nom d'Isabel II. El lligam de la fortalesa amb la monarca no es cenyeix únicament al nom, són moltes les al·lusions a la reina que es troben en el recinte fortificat de la Mola, fet que en demostra el compromís en el procés de construcció.

El dia 18 de setembre de 1860, una falua de 15 metres d'eslora, conduïda per set remadors a babord i set a estribord, atracava a la cala dels Grecs; minuts després, desembarcava la reina Isabel II per visitar la fortalesa. En posar peus a terra, la reina exclamà, davant la sorpresa dels presents, que imaginava que aquells esglaons serien d'or pel que la construcció de la fortalesa menorquina estava costant a la corona espanyola. Aquest fet va preocupar els oficials que tenien encomanada la funció d'acompanyar-la durant la visita, ja que denotava l'estat d'ànim de la reina envers les obres de la Mola. Un esplèndid carruatge de cavalls acompanyà la comitiva fins a l'entrada de la fortalesa.

Isabel II va realitzar un reconeixement exhaustiu de la construcció, tant de les obres concloses com de les que es trobaven en execució, observant cada detall i valorant el magnífic treball de pedra que realitzaven els obrers. Va analitzar els plànols dels projectes presentats i acabà felicitant els oficials que l'acompanyaven per

La fortaleza fue inaugurada el dia 10 de octubre de 1852 con una ceremonia solemne que congregó a las autoridades civiles, militares y eclesiásticas de Menorca. Al ser este día el del aniversario de la reina, se decidió que la fortaleza tomara el nombre de Isabel II. Aunque la relación, los lazos de la monarca con la fortaleza, no se reducen a esta denominación: son muchas las alusiones a la reina que se pueden encontrar en el recinto fortificado y que demuestran su implicación en el proceso constructivo.

El día 18 de septiembre de 1860, una falúa de 15 metros de eslora, conducida por siete remeros a babor y siete a estribor, atracaba en la Cala dels Grecs; minutos más tarde desembarcaba de ella la reina Isabel II para visitar la fortaleza. Solo poner pies en tierra, la reina exclamó –ante la sorpresa de los presentes– que imaginaba que aquellos escalones iban a ser de oro por lo que estaba costando la construcción de la fortaleza menorquina a la corona española. Este hecho preocupó a los oficiales que tenían la función de acompañarla durante la visita, ya que denotaba el estado de ánimo de la reina en lo concerniente a las obras de La Mola. Un espléndido carruaje de caballos acompañó a la comitiva hasta la entrada de la fortaleza.

Isabel II llevó a cabo un reconocimiento exhaustivo de la construcción, tanto de las obras concluidas como de las que aún se estaban ejecutando, observando cada detalle y valorando el magnífico trabajo en piedra que realizaban

The fortress was officially opened on the 10th of October 1852 with a solemn ceremony that brought together the civil, military and ecclesiastical authorities of Menorca. This date being the Queen's birthday, it was decided that the fortress be named after Isabel II. However, the relationship, the links that the monarch had with the fortress, did not stop with just the name: there are many references to the queen that can be found in the fortified precinct and which show her involvement in the constructive process.

On the 18th of September 1860, a launch of 15 metres' length, navigated by seven oarsmen port side and seven starboard, moored in the Cala dels Grecs; minutes later Queen Isabel II disembarked to visit the fortress. Just moments after setting foot on land, the queen exclaimed –to the surprise of many present– that she imagined that those steps would be made of gold for what the construction of the Menorcan fortress was costing the Spanish Crown. This event worried the officials who had the job of accompanying her during the visit, since it was already clear what the queen's mood was regarding the La Mola works. A splendid horse-drawn carriage accompanied the retinue to the entrance of the fortress.

Isabel II undertook an exhaustive tour of the construction, both the completed works and those parts still under construction, observing every detail and praising the magnificent stonework that the workers were undertaking. She analysed the plans of the projects presented and ended up

Una de les vistes espectaculars de la Mola

Una de las vistas espectaculares de La Mola

One of the spectacular views from La Mola

la meravellosa obra que s'estava configurant. Conseqüentment, a partir de la visita de la reina, es van incrementar substancialment els recursos destinats a la fortificació de la Mola, la qual cosa en facilità la finalització. L'escala de la cala dels Grecs és coneguda, des de la visita, com l'Escala de la Reina. Com també la porta que dona accés al recinte fortificat.

La Porta de la Reina està fortament protegida per una contraguàrdia i un doble fossat sobre el qual s'havien d'instal·lar dos ponts de ferro retràctils, que mai no es van arribar a col·locar. Els criteris de defensa amb què es va dissenyar la fortificació atorgaven un considerable control a l'única porta d'accés a la fortalesa. Per aquesta raó, a dreta i a esquerra, les nombroses escletxes dels murs vigilen atentes a qui hi accedeix. Galeries superiors, intermitges i subterrànies s'encarregarien del rigorós control d'entrada a la fortificació, creant un autèntic laberint de passadissos, rampes, escales, voltes i galeries cobertes o descobertes, que brinda un singular passeig a través d'un capítol important de la història de l'illa.

los obreros. Analizó los planos de los proyectos presentados y terminó por felicitar a los oficiales que la acompañaban por la maravillosa obra que se iba configurando. En consecuencia, los recursos destinados a la fortificación de La Mola se vieron incrementados sustancialmente a partir de la visita de la reina, hecho que facilitó su culminación. Desde aquella visita, la escalera de la Cala dels Grecs pasó a ser conocida como Escalera de la Reina; al igual que la puerta que da acceso al recinto fortificado.

La Puerta de la Reina está fuertemente protegida por una contraguardia y un foso doble sobre el que debían instalarse dos puentes retráctiles de hierro, pero nunca se llegaron a colocar. Los criterios de defensa contemplados al diseñar la fortificación otorgaban un control considerable a la única puerta de acceso a la fortaleza. Por este motivo, numerosas rendijas, a derecha e izquierda, vigilan atentas desde los muros quien pretende entrar. Galerías superiores, intermedias y subterráneas habían de garantizar el riguroso control de entrada a la fortificación, creando un auténtico laberinto de pasadizos, rampas, escaleras, bóvedas y galerías cubiertas o descubiertas, que permite un singular recorrido a través de un capítulo importante de la historia de la isla.

by congratulating the officials accompanying her for the marvellous work that was being done. As a result, the resources for the fortress of La Mola were substantially increased after the queen's visit, something that speeded up its completion. From that visit, the stairway from the Cala dels Grecs came to be known as the Queen's Stairway; just like the doorway that leads into the fortified precinct.

The Queen's Gate is strongly protected by a counterguard and a double moat over which two iron drawbridges should have been built, but which were never placed. The defensive criteria behind the design of the fortress gave considerable control to the only entrance gate to the fortress. For this reason, lots of openings, to the right and left, watch over attentively from the walls whoever tries to enter. Upper, intermediate and underground galleries had to ensure the strict control of entry into the fortification, creating a veritable labyrinth of corridors, ramps, steps, vaults and covered or uncovered galleries, which enables a unique tour through an important episode of the island's history.

Perfecció en la col·locació de les pedres

Perfección en la colocación de las piedras

Perfection in the placement of the stones

Entramat defensiu de la contraguàrdia

Entramado defensivo de la contraguardia

Defensive layout of the counterguard

LA MOLA

Reproduccions de canons de l'època

Reproducciones de cañones de la época

Canon reproductions of the era

El fossat s'extén al llarg de tota la fortificació

El foso se extiende a lo largo de toda la fortificación

The moat delimits the outer walls of the fortification

Espitlleres a la paret del nivell superior de la contraguàrdia

Aspilleras en la pared del nivel superior de la contraguardia

Loopholes in the wall on the top level of the couter guard

L'hornabec encara el Port de Maó

El hornabeque encarando el Port de Maó

The Hornworks faces the Port of Maó

L'hornabec
El hornabeque
The hornworks

En termes de fortificació hornabec significa "fortificació exterior en forma de cornamenta, constituït per dos mitjos baluards units per un front avançat". El de la Fortalesa Isabel II de la Mola del Port de Maó, no es considera un veritable hornabec, però n'ha mantingut la nomenclatura des de l'inici. Integra un conjunt d'edificacions veritablement singulars, fruit d'un admirable traçat, que no deixen indiferent. El reducte és una noble edificació assentada en el fossat superior que ofereix un passeig circular que puja en diferents nivells i convida a accedir a la gran esplanada principal. Destaca la pedra blanca del seu interior que contrasta amb les tonalitats ocres i vermelloses del murs exteriors de tota la zona.

La rampa central de l'esplanada, que puja al nivell de defensa més elevat i avançat de la fortificació, ofereix avui una magnífica panoràmica del port de Maó, que es mostra grandiós des de la bocana. L'istme des Freus separa el port de la costa nord i, els dies de tramuntana, sembla que el mar que arriba del nord es vulgui ficar dins el port i generar un veritable aldarull. Sota la rampa empedrada, s'hi amaga una baixada subterrània que ens descobreix el sorprenent indret que custodia una esplèndida escala de caragol que baixa al nivell inferior.

L'hornabec es troba al centre neuràlgic de la fortificació i brinda exemples de l'estratègia defensiva en què es va recolzar la fortificació. Així, els nivells superiors s'avançarien a un atac des de lluny amb potents peces d'artilleria. Les

Cuando se habla de fortificaciones, el término hornabeque designa aquella "fortificación exterior, en forma de cornamenta, que está formada por dos medios baluartes unidos por un frente avanzado". El de la Fortaleza Isabel II, La Mola, del puerto de Maó no se considera un auténtico hornabeque, pero se ha mantenido esta nomenclatura desde su creación. Integra un conjunto de edificaciones verdaderamente singulares, producto de un admirable trazado, que no dejan indiferente al observador. El reducto es una edificación noble asentada en el foso superior que ofrece un paseo circular, ascendente a través de diferentes niveles, y que invita a acceder a la gran explanada principal. Destaca la piedra blanca de su interior que contrasta con las tonalidades ocres y rojizas de los muros exteriores de toda la zona.

La rampa central de la explanada, que sube hasta el nivel de defensa más elevado y avanzado de la fortificación, ofrece actualmente una magnífica panorámica del puerto de Maó, que se muestra grandioso desde la bocana. El istmo de los Freus separa el puerto de la costa norte y, en días de tramontana, parece que el mar que llega del norte quiera irrumpir en el puerto para armar un auténtico alboroto. Bajo la rampa empedrada se esconde una bajada subterránea que nos descubre el sorprendente espacio custodiado por una espléndida escalera de caracol, que lleva al nivel inferior.

Situado en su centro neurálgico, el hornabeque ejemplifica la estrategia defensiva en que se apoyaba la fortificación, en la que los niveles superiores se adelantarían a un ataque lejano con potentes

When we speak about fortifications, the term hornwork describes the "outwork, in the form of horns, which is made up of two semi-bastions joined by an advanced front". That of the Fortress of Isabel II, La Mola, in Port de Maó is not considered an authentic hornworks, but it has kept this name since its creation. It is made up of a series of truly remarkable buildings, the result of an excellent plan that leaves no observer indifferent. The redoubt is a fine building placed over the upper moat that provides a circular walk, climbing up through different levels, and which leads to the large main area of level ground. The white stone of its interior stands out in contrast with the ochre and reddish tones of the outer walls in the whole area.

The central ramp of the level area, which rises to the highest and most advanced level of defence of the fortification, today provides a wonderful view of Port de Maó, which looks magnificent from the mouth of the port. The Freus isthmus separates the port from the north coast and, on days when the Tramontana blows, it seems that the sea that comes from the north wants to break into the port and get a real brawl going. Beneath the paved ramp is hidden an underground descent that leads us to discover the surprising area guarded by a splendid spiral staircase, which leads to the lower level.

Situated in its nerve centre, the hornworks exemplifies the defensive strategy on which the fortification was based, in which the upper levels would be at the forefront of a far-off attack with powerful

Uns visitants delaten la perspectiva de l'espai

Unos visitantes delatan la perspectiva del espacio

Some visitors reveal the perspective of the space

La forma circular de l'edifici, que condueix a la plaça d'armes de l'hornabec, es basa en el sistema defensiu de Montalembert, molt innovador en el moment en què es començà a projectar la fortificació. A banda i banda s'instal·larien uns ponts de ferro retràctils que permetrien independitzar l'edifici en cas d'una invasió. Finalment aquests ponts no es van arribar a instal·lar i l'estratègia defensiva ha donat pas a la bellesa patrimonial de la construcció.

La forma circular del edificio, que conduce a la plaza de armas del hornabeque, está basada en el sistema defensivo de Montalembert, muy innovador en el momento en que se empezó a proyectar la fortificación. A un lado y otro se habían de instalar unos puentes retráctiles de hierro que hubieran permitido independizar el edificio en caso de invasión. Finalmente, no se llegaron a instalar y lo que se planeó como estrategia defensiva ha pasado a engrosar la belleza patrimonial de la construcción.

The circular shape of the building, which leads to the parade ground of the hornworks, is based on Montalembert's defence system, very innovative at the time the fortification began to be planned. On either side they had to install retractable iron bridges which would have enabled the building to be independent in case of invasion. In the end they were not built and what was planned as defensive strategy has come to enhance the hereditary beauty of the construction.

◄

Arc de punt

Arco apuntado

Lancet arch

►

Perfecció dels carreus a l'escala caragol

Perfecta talla de la sillería en la escalera de caracol

Perfect stonework in the spiral staircase

esplèndides galeries a ran de terra, reflecteixen el seu paper en la defensa naval, mirant a la costa nord o a la bocana del port, segons la seva ubicació; les obertures que havien de donar pas al tub dels canons ens mostren avui, les peculiaritats del litoral menorquí. D'igual manera, les galeries subterrànies, encarregades de defensar el fossat, mostren la acurada i perfecta simetria de la construcció, fins i tot en els llocs més inhòspits.

Seguint l'estratègia de defensa, l'hornabec podria separar-se de la resta de la fortificació, en cas que es produís una invasió. El fossat superior i un conjunt de galeries n'impediria la ocupació, és el que s'anomena la travessera i és el que complementa aquest esplèndid conjunt d'edificis.

piezas de artillería. Las espléndidas galerías a ras de suelo reflejan su papel en la defensa naval, encarando la costa norte o la bocana del puerto según su ubicación; las aberturas que habían de dar salida al tubo de los cañones sirven hoy para mostrarnos las peculiaridades del litoral menorquín. Del mismo modo, las galerías subterráneas, encargadas de defender el foso, muestran la cuidada y perfecta simetría de la construcción, incluso en los lugares más inhóspitos.

Siguiendo la estrategia defensiva, el hornabeque se hubiera podido aislar del resto de la fortificación en caso de producirse una invasión. El foso superior y un conjunto de galerías habían de impedir su ocupación; es lo que se denomina cortadura y que complementa este espléndido conjunto de edificios.

Un dels espectacles nocturns celebrats a la Mola

Uno de los espectáculos nocturnos celebrados en La Mola

One of the shows celebrated at La Mola

pieces of artillery. The splendid galleries at ground level reflect their role in naval defence, facing the north coast or the mouth of the port according to their placement; the openings that had to make room for the cannon barrels are today used to show us the peculiarities of the Menorcan coastline. On the same lines, the underground galleries, responsible for defending the moat, show the meticulous and perfect symmetry of the construction, even in the most inhospitable places.

Following the defensive strategy, the hornworks would have been able to isolate the rest of the fortification in the case of an invasion. The upper moat and a series of galleries would have impeded its occupation; it is called a cutting and complements this splendid series of buildings.

El pas del temps i la història de l'illa han preservat aquests imponents murs de pedra de marès, però n'han transformat totalment la seva funció. L'artilleria que havia d'ocupar aquests espais ha donat pas a variades mostres de creació artística: el soroll de les armes ha estat substituït per sons musicals; els soldats que havien d'impedir una ocupació estrangera han cedit el lloc als guies, conductors d'un passeig afable i comunicatiu per les dependències de la fortificació. Tot el recinte de la Mola i particularment l'hornabec, ha esdevingut un magnífic marc cultural que ret homenatge a la fortificació i la seva història, en record a les persones que hi han deixat la seva empremta anònima.

El paso del tiempo y la historia de la isla han salvaguardado los imponentes muros de piedra caliza, *marès*, pero han transformado totalmente su función. La artillería que había de ocupar estos espacios ha sido sustituida por variadas muestras de creación artística: sonidos musicales reemplazan el estruendo de las armas; los guías que conducen un comunicativo y afable paseo por las dependencias de la fortificación ocupan la plaza de los soldados que debían impedir una invasión extranjera... Todo el recinto de La Mola, y particularmente el hornabeque, se ha convertido en un magnífico marco cultural que rinde homenaje a la fortificación y su historia, en un memorial a las personas que dejaron aquí su anónima huella.

Portalada cap a la festa

Puerta hacia la fiesta

Doorway to the party

The passing of time and the history of the island have safeguarded the imposing stone walls made of marès stone, but have completely transformed its function. The artillery that had occupied these spaces has been replaced by varied examples of artistic creation: today there are musical sounds instead of the roar of arms; the soldiers that had to stop a foreign occupation have left their posts to the guides who lead an informative and pleasant walk around the fortification. The entire precinct of La Mola, and the hornworks in particular, have become a magnificent cultural setting that pays homage to the fortification and its history, in a memorial to the people who left their anonymous mark here.

Reducte de l'entrant dos amb la torre de la Princesa al fons

Reducto del entrante dos con la torre de la Princesa al fondo

Redoubt of the second entrance, Princess tower in the background

Contrallums al nivell inferior de la Caponera

Contraluz en el nivel inferior de la Caponera

Backlight at the bottom level of the Coop

Volta d'aljub

Bóveda de aljibe

Pointed barrel vault

Oci nocturn al pati de l'hornabec

Ocio nocturno en el patio del hornabeque

Nighttime leisure in the Hornworks square

Xemeneies de ventilació que semblen escultures

Chimeneas de ventilación que parecen esculturas

Ventilation chimneys that look like sculptures

La Mola acull exposicions d'art

La Mola acoge exposiciones de arte

La Mola hosts art exhibitions

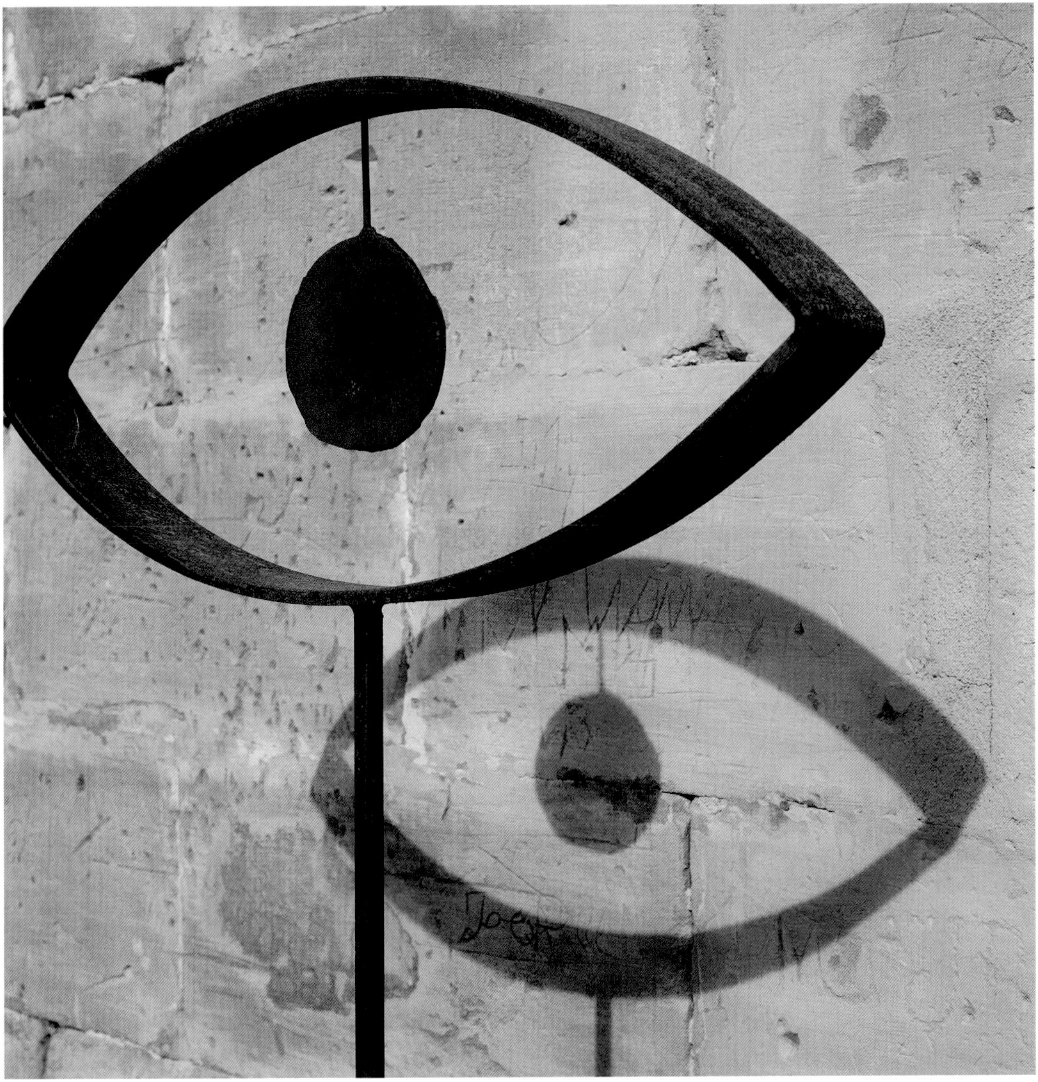

Presó militar

Penitenciaría militar

Military prison

La presó i altres edificis
La penitenciaría y otros edificios
The prison and other buildings

A la part alta de la península de la Mola, destaca un conjunt d'edificis que es mostren avui desafiants al pas del temps, com si volguessin mantenir-se com a part essencial de la Mola; són, sens dubte, testimoni mut de les vivències més humanes viscudes aquí al llarg dels anys i preservades en un àrid silenci. Els dos grans edificis principals ens mostren l'esplendor d'èpoques passades, però callen les vivències i sensacions de les persones que els van habitar i de les quals van ser espectadors privilegiats.

Els edificis, excepte un magnífic magatzem per pólvora, es van construir de forma provisional durant els anys d'edificació de la fortalesa i es van adaptar als diferents usos que els esdeveniments els hi van anar assignant progressivament.

En la parte alta de la península de La Mola destaca un conjunto de edificios que hoy se muestran desafiantes ante el paso del tiempo, como si buscaran perdurar como parte esencial de La Mola; son, sin lugar a dudas, testimonio mudo de las vivencias más humanas vividas aquí a lo largo de los años, salvaguardadas en un árido silencio. Los dos grandes edificios principales nos muestran el esplendor de épocas pasadas, pero callan las vivencias y sensaciones de las personas que los habitaron y de las que fueron espectadores privilegiados.

Estos edificios, a excepción de un magnífico almacén de pólvora, se construyeron de forma provisional durante los años de edificación de la fortaleza y se adaptaron progresivamente a los diferentes usos que los acontecimientos les fueron asignan-

On the high part of the peninsula of La Mola, a series of buildings stands out that defy the passing of time, as if they were trying to survive as an essential part of La Mola; they are undoubtedly silent witnesses to the more human events experienced here over the years, safeguarded in an arid silence. The two large main buildings show us the splendour of past periods, but silence the experiences and feelings of the people who lived in them and of those who were privileged spectators.

These buildings, with the exception of a magnificent powder magazine, were built provisionally while the fortress was being built and were progressively adapted to the different uses assigned to them by events. This was how, having

Les teulades semblen jocs de construccions

Los tejados parecen juegos de construcciones

The rooftops look like contruction games

Interiors del polvorí de la Reina

Així, una vegada finalitzada la construcció i l'artillat de la Mola, van donar pas a una nova època com a caserna de reclutes.

Avui, és difícil imaginar l'antiga vitalitat dels vells edificis, però quan s'ha escoltat el testimoni directe de persones que hi han viscut alguna part de la seva existència, és com si els mateixos edificis parlessin. Pots imaginar-te el contrast de sensacions que vivien els joves reclutes, amb moments d'alegria i diversió però molts altres durs i amargs. Pots imaginar-te, fins i tot, el joc innocent dels infants, la seva mirada atenta a un entorn que n'era la seva llar.

Però si hi ha uns edificis que trastoquen els sentiments, són els que van ser utilitzats com a presó. Per tots els trists esdeveniments dels quals van ser mers testimonis. Entre el 1948 i els anys 70 del segle XX, la presó es va traslladar a l'antic edifici d'administracions i encara conserva els barrots de les finestres i, a la façana principal, restes de la llegenda "Penitenciaría" junt amb l'escut oficial de l'època. L'abandonament i la vegetació que guaita per les finestres dels pisos superiors li donen avui un toc fantasmagòric, com si el patiment que tantes persones van sofrir entre aquest murs, esdevingués un missatge penetrant d'humanitat i respecte.

Observant en silenci la plaça d'armes que separa els dos grans edificis, s'assoleix un misteriós diàleg on l'interlocutor són portes i finestres obertes o tancades a l'atzar, amb persianes de

do. Fue de esta manera que, una vez terminados la construcción y el artillado de La Mola, entraron en una nueva etapa como cuartel de reclutas.

Hoy en día es difícil imaginar el antiguo vigor de los viejos edificios, pero cuando se conoce el testimonio directo de personas que pasaron allí alguna parte de su existencia, es como si los mismos edificios hablaran. Se hace posible imaginar el contraste de sensaciones que vivían los jovenes reclutas, con momentos de alegría y diversión pero con muchos otros amargos y duros. Imaginar, incluso, los inocentes juegos de los niños, su mirada atenta a un entorno que también era su hogar.

Pero si hay unos edificios que turban el ánimo, éstos son los que se usaron como presidio; por todos los tristes sucesos de los que fueron simples testigos. Entre el 1948 y los años 70 del siglo XX, la prisión fue trasladada al antiguo edificio de administraciones y conserva aún los barrotes de las ventanas y, en la fachada principal, restos de la leyenda "Penitenciaría" junto al escudo oficial de la época. El abandono y la vegetación que asoma por las ventanas de los pisos superiores le confieren actualmente una apariencia espectral, como si el dolor que aquí vivieron tantas personas se mantuviera adherido a sus muros. Su recuerdo ha de dar paso a un profundo mensaje de humanidad y respeto.

Observando en silencio la plaza de armas que separa los dos grandes edificios, se produce un misterioso diálogo en el que el interlocutor son completed the construction and artillery of La Mola, they began a new stage as a barracks.

Today it is difficult to imagine the former vigour of the old buildings, but when you know the direct testimony of people who spent part of their lives there, it is as if the buildings themselves spoke. It makes it possible to imagine the contrast between that experienced by the young recruits, with moments of happiness and fun but with many bitter and hard times as well. Imagine too the innocent games of the children, their attentive gaze on a setting that was also their home.

But if there are any buildings that stir up the soul, then they are the ones that were used as a prison; for all the sad events of which they were simple witnesses. Between 1948 and the 1970s, the prison was moved to the old administrative building and still preserves the bars on the windows and, on the main façade, remains of the word *"Penitenciaría"* (prison) alongside the official coat of arms of the period. The abandonment and the vegetation that sticks out from the windows on the upper floors currently give it a rather ghostly appearance, as if the pain that so many people experienced here was still stuck to its walls. Their memory must be given over to a profound message of humanity and respect.

Observing the parade ground that separates the two big buildings, a mysterious dialogue occurs in which the interlocutor are randomly open and closed doors and windows, with wooden shut-

Estructura d'un pavelló

Estructura de un pabellón

Pavilion structure

L'abandó de l'edifici que va servir de presó militar, guarda misteriós el testimoni de presos, militars o familiars que van viure situacions difícils entre aquest murs. Avui, parant l'oïda al silenci, es pot escoltar el batec del cor o el xivarri d'alguns moments viscuts rere els barrots d'aquestes finestres que observen atentes la transformació de la vida al seu entorn.

El abandono del edificio que se usó como penitenciaría militar, mantiene en el misterio el testimonio de los militares y los presos, o sus familiares, que vivieron entre estos muros situaciones difíciles. Aún hoy, aguzando el oído ante el silencio, se podría escuchar el latido de un corazón o sentir la zozobra de momentos acontecidos tras los barrotes de estas ventanas, que ahora observan atentas la transformación de la vida a su alrededor.

The abandonment of the building used as a military prison still shrouds in mystery the testimony of the officials and prisoners, or their families, who experienced difficult situations within these walls. Even today, listening carefully amid the silence, one can hear the beat of a heart or feel the anxiety of events that occurred behind the bars o these windows, which now observe watchfully th transformation of life around them.

fusta cremades pel sol i impregnades del salnitre que el pas dels anys ha anat injectant; bigues de ferro rovellades; teules trencades i sostres caiguts; camins esborrats i jardins abandonats... endin-sant-se en una temptativa per evitar la memòria d'alguns episodis i enriquir l'espai amb un deambular altruista que aliè al passat, però respectuós amb la història, permeti la recuperació del patrimoni i el seu entorn.

puertas y ventanas abiertas o cerradas, al azar, con persianas de madera quemadas por el sol e impregnadas del salitre que el paso de los años les ha ido inyectando, vigas de hierro oxidadas, tejas rotas y techos hundidos, caminos esfumados y jardines abandonados... en un intento por eludir la memoria de algunos de los episodios aquí acontecidos, para que el espacio pueda enriquecerse con un deambular generoso que, ajeno al pasado pero respetuoso con la historia, permita la recuperación del patrimonio y su entorno.

El mur de contenció envolta el Polvorí de la Reina

El muro de contención rodea el Polvorín de la Reina

The containment wall wraps round the Queen's gunpowder building

ters burnt by the sun and impregnated with saltpetre that has been injected into them over the years, rusty iron beams, broken roof tiles and collapsed ceilings, vanished paths and abandoned gardens... in an attempt to escape the memory of some of the events that have taken place here, so that the space can be enriched by a generous wander which, far from the past but respectful of history, enables the recovery of the heritage and its environment.

Esquelet d'una porta antiga

Esqueleto de una puerta antigua

The skeleton of an old doorway

Edificis en ruïnes

Edificios en ruinas

Buildings in ruins

L'amplitud de l'espai natural empetiteix les edificacions...

La amplitud del espacio natural encoge las edificaciones

The amplitude of the natural space shrinks the buildings

Camí del vent

Camino del viento

Windy track

Catifa de flors al peu dels edificis

Alfombra de flores a los pies de las edificaciones

Flower carpet at the buildings' feet

Així la contemplen els ocells

Así la divisan los pájaros

Bird's-eye view

Bateria Vickers 38,1 cm

Batería Vickers 38,1 cm

38.1 cm Vickers battery

Finalitzades les obres de construcció de la Fortalesa Isabel II de la Mola, i quan l'artillat estava en procés, els avenços en el desenvolupament industrial i tecnològic comportaren l'aparició de vaixells cuirassats amb canons de gran abast i precisió, disposats sobre torres giratòries, capaços de fer front a la bocana d'un port fortificat. Aquest fet va obligar a plantejar-se la defensa del litoral de Menorca amb bateries d'igual o major calibre que les instal·lades als vaixells.

Començava així una nova etapa en la defensa de l'illa i, per tant, de la història de la Mola. D'aquestes bateries de costa destaca la de s'Esperó, ubicada en el punt més oriental de l'illa. El lloc és d'una gran bellesa panoràmica

La bateria Vickers de 38,1 cm
La batería Vickers de 38,1 cm
The 38.1 cm Vickers battery

Terminadas las obras de construcción de la Fortaleza Isabel II de La Mola, y mientras se procedía al artillado, los avances en el desarrollo industrial y tecnológico permitieron la aparición de navíos acorazados con cañones de gran alcance y precisión que, dispuestos sobre torretas giratorias, eran capaces de encarar la bocana de un puerto fortificado. Este hecho obligó a plantearse la defensa del litoral de Menorca con baterías de igual o mayor calibre que las instaladas en los navíos.

Así empezaba una nueva etapa en la defensa de la isla y, por tanto, de la historia de La Mola. Entre estas baterías de costa destaca la de s'Esperó, ubicada en el punto más oriental de la isla. El lugar es de una gran belleza panorámica y ofrece, para los dos grandes cañones, un con-

Having completed the construction works of the Fortress of Isabel II, La Mola, and while the artillery was being built, the advances in industrial and technological development enabled the appearance of battleships with far-reaching and high-precision cannons which, with revolving towers, were capable of confronting the mouth of a fortified port. This fact saw the need to defend the Menorca coastline with batteries of the same as or greater calibre than those of the battleships.

Thus began a new stage in the defence of the island and, therefore, in the history of La Mola. Among these coastal batteries features the Esperó, placed at the easternmost point of the island. The spot has a beautiful panoramic view and provides a contrast for the two large

Cada dos anys, la bateria Vickers 381 mm realitzava un exercici de tir real. Un equip d'artillers es feia càrrec, setmanalment, del correcte funcionament dels dos canons. Entre les tasques de manteniment, era important conservar ben greixat l'interior dels 17 m de tub. Aquesta feina la realitzava manualment un voluntari que s'introduïa en el tub per untar el greix; finalitzada la feina era compensat amb dos dies de permís extraordinari.

Con la batería Vickers 381 mm se llevaba a cabo un ejercicio de tiro real cada dos años. Semanalmente, un equipo de artilleros cuidaba del correcto funcionamento de los dos cañones. Entre las labores de mantenimiento destacaba por su importancia que el interior de los 17 m de tubo se mantuviera bien engrasado. De este trabajo se encargaba un voluntario que se introducía en el tubo para untar la grasa manualmente; cumplida la operación, se le compensaba con dos dias de permiso extraordinario.

With the Vickers 381 mm battery, a real firing exercise was undertaken every two years. Weekly, a team of artillerymen undertook the appropriate maintenance work on the two cannons. Among these tasks, one of the most important was ensuring that the inside of the 17 m barrel was kept well greased. This job was entrusted to a volunteer who went inside the barrel to spread the grease around manually; having completed the operation, the volunteer was rewarded with two days extra leave.

Els canons de 381 mm van arribar al port de Maó el juliol de 1932. Les seves caracte-ístiques van plantejar greus dificultats per raslladar-los al lloc de destinació. La prepara-ió dels assentaments comportà l'excavació i onstrucció enterrada i fortificada de totes les nstal·lacions que farien operatius els canons. es operacions de transport i muntatge dels ickers es va perllongar durant alguns anys i an quedar finalitzades el 1936.

os cañones de 381 mm llegaron al puerto de Maó en julio de 1932. Sus características lantearon graves dificultades en su traslado l punto de destino. La preparación de los sentamientos llevó consigo la excavación y onstrucción enterrada y fortificada de todas las instalaciones que harían operativos los cañones. Los trabajos de transporte y montaje de los Vickers se prolongaron durante algunos años y terminaron en 1936.

The 381 mm cannons arrived in the port of Maó in July 1932. Their characteristics represented serious difficulties in moving them to their final position. The preparation of the placement involved the excavation and underground and fortified construction of all the installations that would make the cannons operative. The transport and assembly work of the Vickers took some years and were completed in 1936.

i ofereix, als dos grans canons, un contrast que minora la temeritat artillera alhora que els exhibeix imponents en el cim del penya-segat.

La bateria Vickers 38,1 cm de la Mola, es va artillar entre el 1935 i el 1936, després de les bateries de Llucalari i Favàritx. El juliol de 1936 la Guerra Civil va començar quan encara no havia conclòs el muntatge del segon canó. De les 18 peces adquirides pel govern espanyol a la fàbrica anglesa Vickers Armstrong el juliol de 1926, les de la Mola s'identifiquen curiosament amb els números 1 i 18, és a dir, la primera i la darrera de la sèrie.

El volum i el pes de cadascun dels elements que configuraven aquests grans canons van dificultar notablement el transport, la descàrrega i la instal·lació, esdevenint un complex procés que es perllongà durant anys. Així, entre juliol de 1932 i juny de 1935 arribaren totes les peces al port de Maó. El vaixell a vapor que ho transportava des d'Anglaterra fondejava a cala Figuera i allà una grua arribada de Cartagena, ja que a Menorca no es disposava de grues de gran tonatge, s'hi acostava per treure les pesades peces i dipositar-les en plataformes que eren remolcades fins al moll.

El transport dels canons Vickers, fins als seus assentaments constituí també un important desplegament d'esforços i de destresa. El més espectacular va ser, sens dubte, el trasllat dels tubs que, amb 17 m de llarg i 86 tones de pes,

traste que atenúa la desmesura artillera, pero que, al tiempo, permite que se vean imponentes en la cima del acantilado.

La batería Vickers 38,1 cm de La Mola, se artilló entre 1935 y 1936, después que lo fueran las baterías de Llucalari y Favàritx. En julio de 1936 empezó la Guerra Civil, cuando aún no había concluido el montaje del segundo cañón. De las 18 piezas adquiridas por el gobierno español a la fabrica inglesa Vickers Armstrong en julio de 1926, las de La Mola se identifican, curiosamente, con los números 1 y 18, es decir, son las primera y última de la serie.

El volumen y peso de cada uno de los elementos que integraban estos grandes cañones dificultó notablemente el transporte, la descarga y la instalación, llegando a ser un complejo proceso que se prolongó durante años. Entre julio de 1932 y junio de 1935 llegaron todas las piezas al Port de Maó. El barco a vapor que las transportaba desde Inglaterra fondeó en Cala Figuera y allí, una grúa llegada desde Cartagena, ya que en Menorca no se disponía de grúas de gran tonelaje, se abarloó al mismo para coger las pesadas piezas y depositarlas en plataformas que se remolcaban hasta el muelle.

El transporte de los cañones Vickers hasta sus emplazamientos constituyó también un importante despliegue de maña y empeño. Lo más espectacular fue, sin duda, el traslado de los tubos –de 17 metros de longitud y 86 toneladas de peso–, que se depositaban sobre unas vagonetas cannons that tones down the enormous artillery, but which also enables them to be seen as imposing sights at the top of the cliff.

The 38.1 cm Vickers battery of La Mola, was made ready between 1935 and 1936, after which the Llucalari and Favàritx batteries were. In July 1936 the Civil War began, when the mounting of the second cannon had not yet been completed. Of the 18 pieces purchased by the Spanish government from the Vickers Armstrong factory in July 1926, those on La Mola are identified, curiously, with the numbers 1 to 18, in other words, they were the first and last of the series.

The volume and weight of each element that makes up these big cannons made them very difficult to transport, unload and set up, becoming a complex operation that lasted for years. Between July 1932 and June 1935 all the parts arrived in Port de Maó. The steam boat that transported them from England anchored in Cala Figuera and there waiting, was a crane came from Cartagena, since in Menorca there were no big-tonnage cranes available. The crane was brought alongside the ship to pick up the heavy parts and place them on platforms that were pulled to the jetty.

The transport of the Vickers cannons to their positions also involved a big display of skill and determination. The most spectacular part was undoubtedly the movement of the barrels –17 metres long and weighing 86 tons–, which were placed

Procés de descàrrega del tub del Vickers

Proceso de descarga del tubo del Vickers

Unloading process of the Vickers barrel

Projectils durant el desmantellament de la base militar

es dipositaven sobre unes vagonetes amb rodes. Aquestes es desplaçaven sobre uns rails per mitjà de trams de via desmuntables que, una vegada sobrepassats, es muntaven novament per anar avançant.

Finalment, la instal·lació en el lloc de destí constituí l'acció més espectacular, ja que, sota la gran cuirassa exterior s'havien d'habilitar quatre nivells subterranis de metalls, engranatges i conduccions hidràuliques que farien operatiu al canó. La Bateria Vickers de 38,1 cm quedaria enllestida amb els llocs de comandament, llocs de medició telemètrica, sales de motors, sales de calculadores i dipòsits de municions i alguns recanvis. Tot un desplegament tecnològic i d'enginy que quasi cent anys després segueix causant admiració.

Afortunadament desartillades la majoria d'aquestes temibles maquinàries, la bateria Vickers de 38,1 cm de la Mola constitueix una singular referència de l'evolució artillera de principis del segle XX, ja que conserva tots els seus elements tal com es van instal·lar originàriament.

con ruedas. Estas se desplazaban sobre unos raíles usando tramos de vía desmontables, que, una vez sobrepasados, se volvían a montar más adelante para continuar avanzando.

Finalmente, la instalación en el punto de destino supuso la acción más espectacular, ya que, bajo la gran armadura exterior se habían de habilitar los cuatro niveles subterráneos de piezas metálicas, engranajes y conducciones hidráulicas que harían operativo el cañón. La batería Vickers de 38,1 cm había de completarse con los espacios destinados al mando y las mediciones telemétricas, a salas de motores y de cálculos, y a depósitos de municiones y recambios. Todo un despliegue tecnológico y de inventiva que sigue causando admiración casi cien años después.

Desartilladas, afortunadamente, la mayoría de estas temibles maquinarias, la batería Vickers de 38,1 cm de La Mola constituye un singular referente del progreso en este campo a principios del siglo XX, ya que conserva todos sus elementos tal y como fueron instalados originalmente.

over light trucks with wheels. These were moved over rails using sections of detachable track, which, once surpassed, were once again placed at the front in order to continue advancing.

Finally, the installation at the final point was the most spectacular operation of all, since, beneath the massive exterior framework they had to fit out the four underground levels of metallic parts, gearing and hydraulic piping that would make the cannon operative.
The 38.1 cm Vickers battery had to be completed with the areas designated for the command and telemetric measurements, engine and calculating rooms, and arms and spare parts deposits. It was an amazing technological and inventive display that still produces admiration almost one hundred years after.

With the majority of these fearful machines disarmed, fortunately, the 38.1 cm Vickers battery of La Mola constitutes a unique referent of progress in this field at the beginning of the 20th century, since it conserves its parts just as they were originally installed.

Al punt de mira...

En el punto de mira...

At aiming range...

L'enormitat del canó al cim del penya-segat

La inmensidad del cañón en la cima del acantilado

The cannon's immensity on top of the cliff

L'aprofitament de l'aigua
El aprovechamiento del agua
Making use of water

A la península de la Mola la inclinació del terreny es distribueix en pendent de nord-oest a sud-est. Açò significa que el nivell de les aigües subterrànies, situat en contacte entre les calcàries i calcarenites poroses i els materials impermeables com gresos i pissarres, també està inclinat, així les aigües llisquen fins a l'exterior de la fortificació i afloren a l'única font d'aigua dolça de la zona, la del Clot de la Mola.

L'aprofitament de l'aigua va esdevenir un tema important a l'hora de projectar la fortalesa. Els enginyers i projectistes encarregats de l'obra van resoldre la mancança d'aigua a la zona amb la construcció d'un gran aljub principal, amb una sèrie de basses de decantació adjuntes. El conjunt se situà estratègicament al centre de la zona

En la península de La Mola la inclinación del terreno se reparte en pendiente de noroeste a sudeste. Esto significa que el nivel de las aguas subterráneas, situado en contacto entre las calcáreas y calcarenitas porosas y los materiales impermeables como greses y pizarras, también está inclinado, con lo cual las aguas se deslizan hasta el exterior de la fortificación y afloran en la única fuente de agua dulce de la zona, la del Clot de La Mola.

El aprovechamiento del agua se convirtió en un factor importante en el momento de planear la fortaleza: ingenieros y proyectistas encargados de la obra acordaron resolver la falta de agua en la zona con la construcción de un gran aljibe principal, con una serie de balsas de decantación agregadas. El conjunto se emplazó, estratégicamente, en el

Canalització de l'aigua al fossat

Canalización del agua en el foso

Water channel in the moat

On the La Mola peninsula the lie of the land goes in a northeast to southeast gradient. This means that the level of the underground waters, situated in contact between the calcareous and porous calcarenite rocks and the impermeable materials such as clays and slates, is also inclined, so that the waters slip down to the outside of the fortification and emerge in the only fresh water spring in the area, that of Clot de La Mola.

The use of water became a key factor when planning the fortress: engineers and planners entrusted with the work agreed to solve the question of lack of water by building a large main tank, with a series of added decanting pools. The complex was strategically positioned in the centre of the fortified area so that, with the necessary channelling,

Entre la zona fortificada i els edificis militars, enmig d'un entorn àrid proper a la costa nord, unes escales excavades donen accés a un aljub que havia de servir per emmagatzemar aigua potable. Segons les llegendes populars, durant la visita d'Isabel II a la fortalesa de la Mola el setembre de 1860, la reina s'hi va banyar, motiu pel qual des de llavors és coneix com l'Aljub de la Reina.

Entre la zona fortificada y los edificios militares, en medio de un entorno árido cercano a la costa norte, unas escaleras excavadas dan acceso a un aljibe que había de servir para almacenar agua potable. Según la leyenda popular, durante la visita de Isabel II a la fortaleza de La Mola, en septiembre de 1860, la reina se bañó en él, lo cual sería el motivo por el que es conocido como Aljibe de la Reina.

Between the fortified area and the military buildings, in the middle of a dry environment close to the north coast, some steps dug out of the rock lead to a cistern that had to store drinking water. According to popular legend, during the visit of Isabel II to the fortress of La Mola, in September the Queen bathed in it, which is why it is known as the Queen's Water Cistern.

fortificada, així, amb les canalitzacions necessàries, les aigües de pluja baixarien pel pendent del terreny fins a arribar a l'aljub, passant prèviament per les basses, eliminant progressivament els material sòlids que poguessin arrossegar.

A més de l'aljub principal, descobrim també algunes cisternes i altres aljubs més petits en llocs inversemblants. En el conjunt d'aquests recursos de provisió d'aigua es troba una cisterna excavada en la pedra calcària, a la qual s'accedeix a través d'unes escales també excavades; en el fons, un terrabuit fa les funcions de dipòsit de detritus. El sostre es de volta, amb un gran orifici central que l'il·lumina i facilitava les extraccions. La cisterna es coneix com l'Aljub de la Reina, ja que, segons les veus populars, durant la visita de la reina Isabel II a la fortalesa el setembre de 1860, exhausta per la calor de la jornada, va decidir banyar-s'hi per refrescar-se.

Les filtracions d'aigües, que per inclinació queien al fossat, es van canalitzar amb una gran aresta central que es pot apreciar a bona part del fossat.

A la fortificació trobem nombroses gàrgoles, algunes veritablement solemnes, altres més austeres; inicialment, ens poden passar desapercebudes, però mica en mica es descobreix la importància de la seva presència, ja que juntament amb les canalitzacions, responen a l'intens estudi d'aprofitament d'un recurs tan essencial com és l'aigua.

centro de la zona fortificada, de manera que, con las canalizaciones necesarias, las aguas de lluvia habían de bajar por la pendiente del terreno hasta llegar al aljibe, pasando previamente por las balsas, donde progresivamente se irían eliminando los materiales sólidos que pudieran arrastrar.

Además del aljibe principal, aparecen también algunas cisternas y otros aljibes más pequeños en lugares inverosímiles. Dentro de este conjunto de recursos para la provisión de agua hay una cisterna, excavada en la piedra calcárea, a la que se accede por unas escaleras excavadas también; al fondo, un rebaje cumple las funciones de depósito de detritus. El techo es abovedado, con un gran orificio central que lo ilumina y que facilitaba las extracciones. Se conoce esta cisterna con el nombre de Aljibe de la Reina porque según la leyenda popular de aquel tiempo la reina Isabel II, durante su visita en el mes de septiembre de 1860, exhausta por el calor de la jornada, decidió bañarse en ella para refrescarse.

Las filtraciones de aguas, que por la inclinación caían al foso, se canalizaron por medio de una gran arista central, observable en gran parte del mismo.

En la fortificación pueden verse numerosas gárgolas, algunas ciertamente solemnes, otras más austeras; al principio, pueden pasar desapercibidas, pero se va descubriendo poco a poco la importancia de su presencia, ya que, junto con las canalizaciones, responden a un profundo estudio de aprovechamiento de este recurso tan esencial que es el agua.

the rainwater had to drop down the slope of the land until reaching the tank, previously passing through the pools, where the solid materials that the water contained was gradually eliminated.

As well as the main tank, there were also some cisterns and smaller tanks in unusual places. Within this complex of resources for supplying water, there is a cistern, dug out from the limestone, which is entered by some steps also dug out from the rock; at the bottom, a recess fulfils the function of a deposit for dirt. The ceiling is vaulted, with a large central hole that lit it up and facilitated the extractions. This cistern is known as the Queen's Bath because popular legend spread at the time that Queen Isabel II, during her visit in September 1860, exhausted by the heat of the day, decided to bathe in it to refresh herself.

The water filtrations, which due to the inclination fell into the moat, were channelled by means of a large central edge, observable to a great extent from it.

In the fortification you can see many gargoyles, some rather solemn, others more austere: to start with, you may not notice them, but one gradually discovers the importance of their presence, since, along with the channelling, they are the result of an in-depth study to make full use of this absolutely essential resource: water.

Claveguerò al final de l'escala

Sumidero al final de la escalera

Drain at the bottom of a staircase

Aljub principal

Aljibe principal

Main reservoir

Basses de decantació

Balsas de decantación

Decanting pools

◄

Recollida d'aigües

Recogida de aguas

Water colection

►

Pou obert a la paret

Pozo abierto en la pared

Well opening in the wall

Gàrgoles

Gárgolas

Gargoyle

Clot de la Mola

"Clot" de La Mola

"Clot" of La Mola

Els valors naturals de la Mola
Los valores naturales de La Mola
The natural assets of La Mola

Sens dubte, un dels valors mes preuats de la Mola, que conviu en perfecte equilibri amb la fortificació, és el territori. Un espai àrid que ofereix meravelloses panoràmiques alhora que ens mostra la naturalitat d'una convivència harmoniosa entre el patrimoni monumental i el seu entorn. En el passeig pel recinte es gaudeix de la amena companyia d'una petita fauna acomodada al seu territori i de les aromes més característiques de la flora silvestre.

La Mola es una península situada a la bocana del port de Maó, al llevant de l'illa de Menorca, amb alts penya-segats que dissimulen la majestuositat de la fortalesa que custodia. Des del punt de vista geològic, la part superior de la Mola és una estructura calcària de l'era mesozoica que s'aixe-

Una de las circunstancias más apreciadas en La Mola es, sin duda, su asentamiento en un territorio que convive con la fortificación en perfecto equilibrio. Es un espacio árido, pero que, al tiempo que nos ofrece maravillosas panorámicas, nos muestra lo natural de una convivencia armoniosa entre el patrimonio monumental y su entorno. Al pasear por el recinto de la fortaleza se disfruta de la amena compañía de la pequeña fauna asentada en su territorio y de los aromas más característicos de la flora silvestre.

La Mola es una península situada en la bocana del puerto de Maó, en el levante de la isla de Menorca, con altos acantilados que disimulan la majestuosidad de los edificios que custodia. Desde el punto de vista geológico, su parte superior es una estruc-

One of the most appreciated circumstances on La Mola is undoubtedly its placement on an area that coexists with the fortification in perfect harmony. It is an arid space, but which, while providing us with some marvellous panoramic views, shows us the natural form of harmonious coexistence between the monumental heritage and its environment. By walking around the precinct of the fortress one enjoys the pleasant company of the small fauna established in the space and the more characteristic aromas of the wild flora.

La Mola is a peninsula situated on the mouth of the port of Maó, in the east of the island of Menorca, with high cliffs that conceal the grandiose nature of the buildings it guards. From the geological point of view, its higher part is a cal-

Figuera arrelada al mur

Higuera enraizada en el muro

Fig tree rooted in the wall

ca damunt terrenys molt més antics als del paleozoic que dominen tota la vorera nord. Aquesta configuració geològica provoca la presència de nombroses coves al penya-segat.

Del punt de vista botànic, la península és un lloc molt sec, sotmès a una forta influència marina i de vent carregat de sal. Destaquen una gran varietat de plantes de cicle anual, que germinen amb les primeres pluges de la tardor, floreixen durant l'hivern i la primavera i, quan arriba la calor de l'estiu, deixen anar les llavors i moren. Altres herbes perennes, duen una vida semblant, amb formes de protecció, de vegades subterrànies, que els permet suportar els mesos més difícils. La planta més coneguda de la Mola, és la camamil·la, una planta molt estimada pels menorquins, que la consumeixen en infusió, tant per plaer, com per les seves propietats curatives

Es pot destacar la quasi absència d'arbres i arbusts grossos, ja que els pocs que hi ha creixen poc i ho fan aferrats a la terra, per protegir-se del vent.

Actualment nidifiquen als penya-segats de la Mola diverses espècies d'aus marines i es localitza una important colònia reproductora de baldritja petita, exclusiva de les Illes Balears. Aquest ocell ha estat catalogat com "en perill d'extinció" al *Catàleg Nacional d'Espècies Amenaçades*. Com a conseqüència d'aquesta situació i seguint la directriu europea d'aus, la Mola ha estat declarada zona ZEPA (zona especial

tura calcárea de la era mesozoica que se levanta sobre terrenos mucho más antiguos que los del paleozoico, predominantes en todo el litoral norte. Esta configuración geológica explica la presencia de numerosas cuevas en el acantilado.

Desde el punto de vista botánico, la península es un lugar muy seco, sometido a una fuerte influencia marina y del viento cargado de sal. Destacan una gran variedad de plantas de ciclo anual, que germinan con las primeras lluvias del otoño, florecen durante el invierno y la primavera y, al llegar el calor del verano, dejan ir sus semillas y mueren. Otras hierbas perennes llevan una existencia parecida, con sistemas para protegerse, de forma subterránea a veces, que les permiten soportar los meses más difíciles. La planta más conocida de La Mola es la manzanilla (*camamil·la*), una planta muy querida por los menorquines, que la consumen en infusión, tanto por gusto como por sus propiedades curativas .

Es destacable la casi total ausencia de árboles y arbustos grandes, ya que los pocos que hay crecen poco y lo hacen pegados a la tierra, para protegerse del viento.

Actualmente anidan en los acantilados de la Mola diversas especies de aves marinas y se ha localizado una importante colonia reproductora de pardela pequeña, exclusiva de las Illes Balears. Este pájaro se considera "en peligro de extinción" en el *Catálogo Nacional de Especies Amenazadas*. A causa de esta situación y siguiendo la directiva careous structure from the Mesozoic period that stands over much older land than that from the Palaeozoic era, predominant all along the north coast. This geological configuration explains the presence of numerous caves in the cliff.

In terms of botanical life, the peninsula is a very dry place, subjected to a strong maritime influence and the wind laden with salt. There is a large variety of annual plants, which germinate with the first rainfall of autumn, flower during the winter and spring and, with the arrival of the summer heat, release their seeds and die. Other perennial grasses live a similar existence, with systems to protect themselves, sometimes underground systems, which enable them to withstand the harshest months. The most well-known plant on La Mola is the camomile, a much-loved plant by the Menorcan people, who drink it as an infusion for both its flavour and its curative properties.

The almost total absence of trees and large bushes is noticeable, since the few that there are grow very little and do so crouched on the land to protect themselves from the wind.

Nesting on the cliffs of La Mola there are currently diverse species of seabirds and a large breeding colony of little shearwaters has been localised, a species exclusive to the Balearic Isles. This bird is considered "in danger of extinction" in the "National Catalogue of Endangered Species". Due to this situation and following the

Les espitlleres acolleixen diverses espècies d'ocells

Las aspilleras cobijan a numerosas especies de aves

The loopholes provide shelter for a variety of birds

◄

Les arrels penetren les entranyes de la fortalesa

Las raíces penetran en las entrañas de la fortaleza

The roots penetrate the bowels of the fortress

►

Baldritja mediterrània

(Puffinuss yelkouan)

Pardela mediterránea

(Puffinuss yelkouan)

Levant Shearwater

(Puffinuss yelkouan)

per a la protecció d'aus) i LIC (lloc d'interès comunitari) per tal de garantir la seva protecció. Recentment, també s'ha constatat que a la Mola hi crien baldritges que pertanyen a l'espècie oriental. Els investigadors desconeixen si es tracta d'un procés de competència interespecificada, d'hibridació o si es deu a qualsevol altra causa.

Les baldritges son animals pelàgics, que viuen habitualment en alta mar. És possible observar aquests ocells al capvespre des de la punta de s'Esperó, quan es reuneixen en grups a prop de la costa esperant la posta de sol per entrar a les coves del penya-segat

La Mola es també una zona interessant per la migració de molts d'ocells a causa de la seva situació estratègica: és el punt més oriental de les Illes Balears. A la primavera es poden observar moltes espècies d'aus en el seu camí des del continent africà cap Europa i a la tardor, el flux d'emigrants en sentit contrari.

europea sobre aves, La Mola ha sido declarada zona ZEPA (zona especial para la protección de aves) y LIC (lugar de interés comunitario) con tal de garantizar su protección. Recientemente, también se ha constatado que en La Mola crían algunas pardelas de la variedad oriental. Los investigadores desconocen si se trata de un proceso de competencia, de hibridación entre especies, o si se debe a cualquier otra causa.

Las pardelas son animales pelágicos, que viven habitualmente en alta mar. Desde la punta de s'Esperó, al anochecer, puede observarse como se reúnen en grupos, cerca de la costa, esperando la puesta de sol para entrar en las cuevas del acantilado.

A causa de su situación estratégica, La Mola también es una zona interesante en relación con las migraciones de muchas aves: es el punto más oriental de las Illes Balears. En primavera se pueden observar muchas especies que siguen sus rutas desde África hacia Europa y cómo, en otoño, el flujo de emigrantes se repite en sentido contrario.

European directive regarding birdlife, La Mola has been declared an SPA (special protection area for birds) and SCI (site of community interest) in order to ensure their protection. More recently, it has also been noted that some shearwaters of an oriental type are breeding on La Mola. Researchers do not yet know if it is a process of competition, hybridisation between species or if it is due to any other unknown reason.

The shearwaters are deep-sea animals, which usually live on the high seas. From the Esperó point, you can see how they gather in groups, close to the coast, waiting for the sun to set before entering the caves in the cliff.

Due to its strategic location, La Mola is also an interesting area regarding the migratory habits of many birds: it is the easternmost point of the Balearic Isles. In spring one can see many species following their routes from Africa towards Europe and how, in autumn, the flow of emigrants is repeated in the opposite direction.

Flamenc de visita (Phoenicopterus roseus) *a la torre de Cala Teulera*

Flamenco de visita (Phoenicopterus roseus) *en la torre de Cala Teulera*

Flamingo (Phoenicopterus roseus) *visiting the Cala Teulera tower*

Diversitat de vegetació a la Mola

Diversidad de vegetación en La Mola

Vegetation diversity on La Mola

Gavines rojes (Larus audouinii) *damunt la teulada d'un pavelló*

Gaviotas rojas (Larus audouinii) *sobre el tejado de un pabellón*

Audouin's gull (Larus audouinii) *on the a pavilion roof top*

◄

La preuada camamil·la de la Mola

La apreciada manzanilla de La Mola

Appreciated chamomile of La Mola

►

La vegetació envaeix els murs destruïts

La vegetación invade los muros derruidos

The vegetation invades the demolished walls

9
1931

Aspectes geològics
Aspectos geológicos
Geological aspects

Les característiques geològiques de la península de la Mola van supeditar en el seu moment la ubicació de la Fortalesa Isabel II. Sediments miocènics en forma de calcària, més o menys compacta, conformen la major part de la superfície de la Mola, juntament amb altres roques com la pissarra, que representen els materials primaris més habituals de la zona nord de Menorca.

Les particularitats del terreny van facilitar l'excavació del fossat que delimita tot el perfil de la fortificació. En alguns punts, els murs excavats son revestits pel marès, deixant palès un atractiu llenç de textures i tonalitats que el pas del temps enriqueix lentament.

Las características geológicas de la península de La Mola condicionaron, en su momento, el proyecto de la futura Fortaleza Isabel II. Sedimentos miocénicos en forma de toba calcárea, más o menos compacta, conforman la mayor parte de la superficie de La Mola, junto a otras rocas, como la pizarra, que constituyen los materiales primarios más habituales en la zona norte de Menorca.

Las particularidades del terreno facilitaron la excavación del foso que delimita todo el perímetro fortificado. En algunos puntos, los muros excavados se revisten del mismo *marès*, mostrando un atractivo panel de texturas y tonalidades que el paso del tiempo enriquece lentamente.

The geological characteristics of the peninsula of La Mola had a bearing on the planning of the future Fortress of Isabel II. Sediments from the Miocene period in the form of more or less compact calc-tufa, makes up the main part of the surface of La Mola, along with other rocks, such as slate, which constitute the most commonly used raw materials in the north part of Menorca.

The particularities of the land facilitated the digging of the moat that borders the fortified perimeter. At some points, the excavated walls are covered in the same *marès* stone, displaying an attractive panel of textures and shades that the passing of time slowly enriches.

Pedrera de marés als peus de la torre

Cantera de "marés" bajo la torre

"Marés" quarry under the tower

La bellesa del paisatge que envolta la fortalesa de la Mola amalgama cel, mar i terra. La Punta de s'Esperó es troba en el punt més oriental de l'illa, i es mostra respectuosa amb els valors naturals d'un dels indrets més bells de Menorca.

La belleza del paisaje que rodea la fortaleza de La Mola, fusiona cielo, mar y tierra. La Punta de s'Esperó está situada en el punto más oriental de la isla, y es una muestra respectuosa de los valores naturales de uno de los parajes más hermosos de Menorca.

The beauty of the scenery around the fortress of La Mola is a fusion of sky, sea and land. The Punta de s'Esperó is at the easternmost point of the island, and is a respectful example of the natural values of one of the most beautiful spots of Menorca.

Per altra banda, es van excavar algunes pedreres per extreure els carreus amb què es va construir part de la fortalesa. D'altres procedien de les runes de l'antic castell de Sant Felip, a l'altra banda del port, i destaquen per la seva pàtina més fosca i un major deteriorament, així com per la seva mida més gran. L'extracció de la pedra menorquina es feia de forma manual, utilitzant una eina anomenada escoda. Aquest sistema d'extracció configurava uns espais singulars, amb escales, terrasses i arestes de formes diverses, condicionades a la textura en què apareixia la roca.

El material extret de les pedreres és el marès, una roca formada per restes d'organismes marins de petites dimensions, gra d'arena i grans de quars o fragments d'altres roques. El marès apareix en diverses dureses: quan és més tou resulta fàcilment manejable i permet a l'artesà crear formes arrodonides i escultòriques que esdevenen inversemblants en altres fortificacions de l'època. El marès dur permet, per altra banda, l'assentament d'edificacions i una consistència perdurable al pas del temps. Una de les principals curiositats d'aquesta pedra de Menorca és la varietat cromàtica en què apareix, des de la tonalitat blanquinosa d'algunes pedres fins als cremes, ocres, daurats, rosats o vermells, oferint una immensa gamma de matisos que sens dubte enriqueixen les construccions i confereixen a cada espai una entitat única.

La Fortalesa Isabel II mostra una gran varietat d'exemples del treball de la pedra i de les singu-

Por otra parte, para extraer los sillares con que fue construida gran parte de la fortaleza se cavaron algunas canteras. Otros procedían de las ruinas del antiguo fortín de Sant Felip, al otro lado del puerto, y destacan por su pátina más oscura y un mayor deterioro, así como por su mayor tamaño. La extracción de la piedra menorquina se hacía de forma manual, usando una herramienta llamada escoda. Este sistema de extracción configuraba unos espacios singulares, con escaleras, terrazas y aristas de formas diversas, condicionadas por la textura que en cada caso presentaba la roca.

El material que se extraía de las canteras era el *marès* (piedra arenisca), una roca formada per restos de organismos marinos de pequeño tamaño, granos de arena y partículas de cuarzo o fragmentos de otras rocas. El *marès* presenta diferentes grados de dureza: cuanto más blando, más fácil resulta su manejo, lo cual permitía al artesano crear formas redondeadas y escultóricas que son impensables en otras fortificaciones de la época.

El *marès* duro, por su parte, permite el asentamiento de edificaciones y hace que tengan una consistencia perdurable ante el paso del tiempo. Una de las principales curiosidades de esta piedra de Menorca es la variedad cromática que presenta, desde la tonalidad blanquecina de algunos bloques hasta los cremas, ocres, dorados, rosados o rojos de otros, ofreciendo una gama inmensa de matices que sin duda

Furthermore, to extract the blocks of stone with which a large part of the fortress was built some quarries were dug. Others came from the ruins of the old Saint Philip's fort, on the other side of the port, and are noted for their darker patina and greater state of deterioration, as well as being larger in size. The extraction of Menorcan stone was done manually, using a tool called escoda, a stonecutter's hammer. This system of extraction shaped singular spaces, with steps, terraces and edges in diverse forms, conditioned by the texture that each type of rock possessed.

The material extracted from the quarries was *marès*, a type of sandstone made up of the remains of small-size marine organisms, grains of sand and particles of quartz or fragments of other rocks. The *marès* has different levels of hardness: the softer the stone, the easier it is to handle, which enabled the craftsman to create rounded and sculptural forms that were unthinkable in other fortifications of the time.

The hard *marès*, on the other hand, enables the settlement of buildings and ensures they have a lasting consistency before the passing of time. One of the main curiosities of this stone from Menorca is the chromatic variety it possesses, from the whitish tone of some blocks through to creams, ochres, golds, pinks or reds of others, providing a massive range of nuances that unquestionably enrich the constructions and give every space a unique form.

Curiós habitacle

Curioso habitáculo

Curious living space

laritats del marès, però principalment ens mostra l'esforç de les persones que van contribuir a la seva construcció al llarg dels anys: enginyers, mestres d'obra, picapedrers, i altres artesans anònims, mereixen indubtablement l'admiració de qui s'endinsa en el laberíntic circuit fortificat i descobreix la perfecció en el treball de cada petit detall, que magnifica els indrets més senzills.

enriquecen las construcciones y confieren a cada espacio una entidad única.

La Fortaleza Isabel II muestra gran variedad de ejemplos del trabajo de la piedra y de las singularidades del *marès*, pero principalmente, nos habla del esfuerzo de aquellas personas que contribuyeron a su construcción a lo largo de los años: ingenieros, maestros de obras, canteros y demás artesanos anónimos que, indefectiblemente, despiertan la admiración de quienes se adentran en el laberíntico circuito fortificado y descubren la perfección en el trabajo de esos pequeños detalles que engrandecen los espacios más corrientes.

Esquerda fruit d'un antic sisme

Grieta fruto de un antiguo seismo

Crack consequence of an old earthquake

The Fortress of Isabel II has a large variety of stone working examples and of the singular types of marès, but mainly, it speaks to us of the efforts made by those people who contributed to its construction over the years: engineers, masters of works, stonecutters and other anonymous craftsmen who, unfailing, arouse the admiration of whoever enters the labyrinthine fortified circuit and discovers the perfection in the working of these small details that magnify the most everyday spaces.

El penya-segat es desfà per l'efecte de l'erosió

El acantilado se deshace por el efecto de la erosión

The cliff wears away from the effect of erosion

Fotografies
Fotografías
Photographs

Juanjo Pons 2, 7, 13, 22a, 22b, 28-29, 38, 42-43, 56, 70, 81, 87, 102, 110, 119, 120, 121, 123, 125, 126, 134-135, 157, 161, 162-163, 178a, 178b, 178c, 178d, 178e, 178f, 178g, 178h, 178i, 179b, 179d, 179e, 179f, 179g, 179h, 179i, 182-183, 185, 188-189 **Joan Mercadal** 19, 31, 34, 35, 46, 50-51, 61, 63, 68, 72, 73, 74-75, 76-77, 84-85, 88-89, 90, 91, 92-93, 99, 108-109, 114, 115, 116-117, 128, 129, 130-131, 132, 133, 147, 151, 155, 156, 160, 165, 167, 168, 171, 172, 173, 174-175, 177, 179a, 179c, 186, 191 **Fortalesa Isabel II La Mola** 4-5, 26-27, 32-33, 44-45, 47, 48, 53, 54-55, 62, 64, 66-67, 82, 94-95, 96-97, 100-101, 103, 104, 106, 111, 148-149, 153, 181 **Colección Teniente-Coronel Gómez-Vizcaíno** 136, 138, 139, 141a, 141b, 141c, 141d, 143, 144, 145 **Museo Militar Menorca** 14a, 14b, 14c, 14d, 15, 16-17, 24-25 **Laia Moreno** 1, 57, 58, 78-79, 124, 152, 159 Aina Pla 6, 8, 9, 65, 112-113 **Jordi Escandell** 36-37, 169, 176 **Foto Sturla** 20-21, 140 **Ricard Pla** 40-41 **Public Record Office London** 11 **James Kockelbergh** 158 **Joan Fuxà** 49 **Pedro Cardona** 59 **M Àngels Coll** 80 **Tania Cardona** 71

Fonts documentals
Fuentes documentales
Documentary sources

Terrón Ponce, J.L.
La Fortaleza de Isabel II en el Puerto de Mahón: Estudio arquitectónico y análisis táctico
Maó: Consorcio Museo Militar de Menorca, 2004

Fornals Villalonga, F.
Fortaleza de Isabel II en la Mola del Puerto de Mahón: siglos XIX y XX
Maó: Museo Histórico Militar de Menorca, 2nd ed. 2001

Gomez-Vizcaíno y Castelló, J.L.
Menorca, adiós a los cañones: historia de la artillería contemporánea de Menorca
Ciutadella: Edicions Nura, 2003

Verdaguer Rotger, A.
Crónicas del puerto de Mahón. Maó: s,n 1999

Pons, G. (Reverendo)
Historia de Menorca
Maó: Editorial Menorca S.A., 4rt ed. 2004

G.O.B. (Grup Ornitològic Balear) de Menorca
www.gobmenorca.com

Editat per | Editado por | Published by

Triangle Postals, SL

Fortalesa Isabel II La Mola

Text | Texto | Text

Joana Català

Coordinació | Coordinación | Product coordination

Imma Planas

James Kockelbergh

Disseny i maquetació | Diseño y maquetación | Design & layout

James Kockelbergh

Peus de foto | Pies de foto | Caption

Imma Planas

James Kockelbergh

Traducció | Traducción | Translation

Joan Montserrat

Steve Cedar

Producció | Producción | Production

Triangle Postals, SL

Impressió – Impresión – Printing

Igol, SA

Agraïments | Agradecimientos Acknowledgments

Capitán Javier Girona (Director del Museo Militar de Menorca)

Consorcio Museo Militar de Menorca

Teniente-Coronel Gómez-Vizcaíno

GOB (Grup Ornitològic Balear)

Les fotografies del recinte de la fortalesa de La Mola están fetes amb l'autorització del Consorci del Museu Militar de Menorca i Patrimoni Històrico-Militar del Port de Maó i Cala Sant Esteve

Las fotografias del recinto de la fortaleza de La Mola están hechas con la autorización del Consorcio del Museo Militar de Menorca y Patrimonio Histórico-Militar del Puerto de Mahón y Cala San Esteban

The photographs of the precinct of the Fortress of la Mola have been taken with the authorisation of the Consortium of the Military Museum of Menorca and Historical-Military Heritage of the Port of Mahón and Cala San Esteban.

TRIANGLE POSTALS

Carrer Pere Tudurí, 8

07710 Sant Lluís, Menorca

Tel +34 971 150 451 / +34 932 187 737

Fax +34 971 151 836

www.trianglepostals.com

Dipòsit legal | Depósito legal Registration number

B-33.102-2008

ISBN

978-84-8478-324-4